HUERTOS URBANOS PARA PRINCIPIANTES

TODO LO QUE NECESITAS SABER PARA
COMENZAR A CULTIVAR TUS PROPIOS
ALIMENTOS EN CASA

MANUEL GONZÁLEZ

© Copyright 2020 - Todos los derechos reservados.

Es ilegal reproducir, duplicar o compartir cualquier sección de este documento, tanto por medios electrónicos como en formato impreso. La grabación y almacenaje digital de esta publicación queda estrictamente prohibida, no se permite a menos que se cuente con un permiso escrito por el editor. Solo se permite el uso de citas en reseñas o artículos.

Este libro es un trabajo de ficción, cualquier semejanza con personas, vivas o muertas, o lugares o eventos, es pura coincidencia.

ÍNDICE

Introducción v
1. Los fundamentos de la jardinería urbana 1
2. Huerto urbano en interiores 16
3. Huerto urbano en exteriores 46
4. Cultivando en un contenedor 81
5. Jardín de camas elevadas 88
6. Jardín de alféizar 94
7. Jardín colgante 101
8. Jardín hidroponía 107

Conclusión 115
Bibliografía 121

INTRODUCCIÓN

Uno de los requerimientos básicos para lograr la supervivencia del ser humano es la alimentación, pero no es solo comer por comer, sino que el cuerpo requiere de ciertos macronutrientes y micronutrientes en las dosis adecuadas para garantizar un funcionamiento óptimo de todas sus facultades motrices e intelectuales.

Sin una buena alimentación el cuerpo humano no puede operar a su máxima capacidad, es como una máquina que necesita que se le suministre el mejor combustible para poder aprovechar su más alto potencial. El cuerpo humano requiere de carbohidratos, grasas y proteínas, una de las mejores fuentes de carbohidratos son las frutas y las verduras. Cosechar esta clase de hortalizas es un arte y si estás aquí es porque quieres aprender sobre él.

Comer es una de las actividades más importantes en la vida, pues no solo otorga placer y gusto al paladar, además brinda la energía necesaria para que las personas podamos desarrollar todas nuestras actividades diarias. Es tan vital que sin una correcta alimentación estoy seguro de que Neil Armstrong nunca hubiese llegado a la luna, ni hubiera dado un gran paso para la humanidad aunque un pequeño paso para el hombre.

Siendo honesto hay alimentos que son mucho mejores que otros alimentos, esto se debe a su contenido energético, su origen, su cultivo y su valor nutricional. En un mundo cada vez más globalizado, donde pareciera que todo el mundo tiene prisa, a veces sin darnos cuenta descuidamos aquello que nos llevamos a la boca. Comemos lo que podemos cuando podemos, sin detenernos a pensar si le estamos haciendo un bien o un mal a nuestro organismo. Lo cual es un error y uno muy grave.

Todo ser humano tiene derecho a comer los mejores alimentos que pueda conseguir, sin tener la preocupación de que estos contengan bacterias o virus que puedan afectar su flora intestinal o, peor, comprometer la integridad completa de su salud. ¿De qué forma se puede lograr esto?

Estoy seguro de que si compraste este libro es porque tú ya sabes la respuesta. Solo es posible conocer a ciencia cierta de dónde provienen los alimentos que colocamos en nuestra mesa, que ofrecemos a nuestra familia y a nuestros seres queridos, si somos nosotros mismos los que los hemos sembrado, cultivado, cuidado y cosechado.

Tener nuestro propio huerto, sin importar que vivamos en la ciudad, es la solución para mejorar la calidad de nuestros alimentos y estar seguros de comer únicamente productos frescos de primera calidad. Por supuesto suena mucho más fácil decirlo que hacerlo, pues tener un huerto requiere de conocimientos y técnicas de jardinería y ecología que no muchas personas dominan.

Como cualquier otra cosa en la vida emprender la construcción de un huerto se hace con la finalidad de salir victoriosos en la tarea, pues estamos invirtiendo tiempo, dinero y esfuerzo en el proyecto, por lo cual fracasar o darse por vencido a la mitad del camino no es una opción.

Te digo todo esto porque yo sé la importancia de cultivar nuestros propios alimentos, el bien que le hace esto a nuestra salud y la forma en que esto impacta para que nuestro nivel de vida mejore, tanto en el plano físico, como en el plano emocional y en el plano intelectual. Igualmente sé que antes de iniciar a construir un huerto pueden suscitarse dudas y temores sobre nuestra propia capacidad para hacer de él una tarea viable a largo plazo.

Mi nombre es Manuel González, soy un experto agricultor, un hombre inclinado por el tema de la ecología y el orgulloso propietario de mi propio huerto hogareño. También soy un fiel creyente de que la humanidad debe de tener como objetivo la divulgación del conocimiento para lograr cosas nuevas y lograr vivir mejor. Es por ello que escribo este libro.

A lo largo de estas líneas encontrarás la información pertinente, las técnicas más eficaces y mis propios secretos para lograr tener tu propio huerto desde la comodidad de tu casa. Serás capaz, por ejemplo, de cultivar tus propios tomates, ver crecer la planta, cosechar el producto de tu esfuerzo y colocarlo sobre pan tostado con un poco de pimienta, aceite de oliva y orégano.

Los factores climáticos, nuestro propio escepticismo y la duda de nuestros conocidos pueden, si no los aprendemos a manejar, hacernos desistir de nuestro propósito. A ellos se añade el temor de tener que invertir un tiempo que pensamos que no tenemos o de no contar con la energía y el ánimo que se requiere para cosechar un pedazo de tierra y hacerlo fértil.

Déjame aclarar un punto al ser el propietario de tu propio huerto desde tu casa no sólo serás una persona más sana, más disciplinada, comprometida con el medio ambiente, sino que también vas a cambiar el mundo. Así como lo lees, no exagero. Al ser capaz de cultivar tus propios alimentos contribuirás directamente a un impacto positivo sobre la Tierra, pues serás parte de la población que cuida el suelo, cuida su calidad de vida y la de sus seres amados.

¿Por qué es importante cuidar el planeta? Bueno, podemos empezar con el hecho de que es el único lugar en el universo, que hasta el momento sepamos, donde podemos vivir los seres humanos. Segundo, creo firmemente que los seres humanos y la naturaleza deben de tener una relación de equidad, empatía y mutuo apoyo, es decir, que así como el medio ambiente provee de todo lo que necesitan los seres humanos para vivir, estos deben respetar y cuidar el entorno que los rodea.

El impacto que tendrá el ser capaz de hacer andar un huerto urbano será de tal magnitud que solo lo podrás creer hasta que lo experimentes. Por ahora te puedo dar un adelanto: tu estado de ánimo será mejor, te vas a sentir bien al ser una persona comprometida con el medio ambiente, serás alguien que intenta mitigar con acciones veraces los efectos del cambio climático.

Serás un hombre o una mujer consciente de su alimentación, notarás como el estado integral de tu cuerpo y de tu mente mejora. Notarás aspectos positivos en tu economía, ya que vas a ahorrar todo el dinero que antes gastabas en comprar los productos que ahora cosechas en tu propio hogar. Una mejora en tu estado de salud y en tu economía se verá reflejada en la disminución de tus niveles de estrés y ansiedad.

No me estoy inventando toda esta información ni estoy hablando por hablar, hay numerosos estudios científicos, de diversas instituciones reconocidas internacionalmente, que respaldan cada una de las afirmaciones que aquí he escrito. ¿Quieres saber cuáles son esos estudios, dónde y cuándo se han publicado y quiénes son los expertos en la materia que respaldan la evidencia encontrada sobre la buena idea que es tener tu propio huerto en casa? Adéntrate conmigo a la aventura de la lectura para descubrirlo.

Tal vez seas una persona un poco más pragmática y no te gusta basarte tanto en estudios científicos, sino en experiencias personales. Yo sé de qué te estoy hablando, hace años que tengo mi propio huerto y todas las ventajas que he enumerado yo tengo el enorme placer de vivirlas día con día.

Todo, absolutamente todo, en este mundo se consigue con dedicación, voluntad y esfuerzo, es decir, todo se consigue mediante el estudio. Cuando digo estudio no me refiero exclusivamente a un estudio formal en una aula con profesores, recesos, tareas, exámenes y notas finales. Toda persona puede ser autodidacta.

A través de este libro te ofrezco la oportunidad de adquirir todos los conocimientos, técnicas, procedimientos y destrezas necesarias para implementar tu huerto con éxito. Aquí vas a aprender sobre todos los beneficios de los productos orgánicos cultivados de manera independiente y sobre cuáles son las herramientas que necesitas para poder emprender.

Abordaremos cómo evaluar el espacio, cómo cultivar en interiores, cuáles son los mejores cultivos para interiores, cuál es la técnica de jardinería más apta para ti dependiendo de las condiciones de tu huerto, cómo plantar, cómo cuidar y mantener los cultivos y lidiar contra las indeseables y molestas plagas.

Toda la información sobre cómo lograr que el viento, la cercanía de agua y la exposición al sol jueguen a nuestro favor en nuestro espacio, además de todo lo relativo a las temporadas y el cultivo en el exterior hacen su aparición en este libro.

También me concentro en el cultivo en contenedores, la dimensión de estos, su coste, su tipo de cosechas y el material necesario para lograrlo. Tendremos una diferente perspectiva a partir de las camas elevadas, donde también explicaremos su complejidad, dimensión, coste, tipo de cosechas y herramientas imprescindibles para poder trabajar.

Habrá una exposición acerca de los jardines de alféizar, los jardines colgantes y los jardines de hidroponía. Quizás estos nombres nos parezcan material avanzado, pero conforme vayamos aprendiendo los conceptos teóricos a la vez que trabajamos en la práctica, todo será cada vez más fácil.

A lo largo de todo este recorrido sobre ecología, medio ambiente, huertos urbanos y jardines no estarás solo, yo estaré contigo. Yo ya he vivido antes todo lo que tú estás por experimentar, así que junto a mí podrás estar un paso por delante de cualquier contratiempo o problema que se te presente en la construcción de este modelo de vida que estás decidiendo llevar a cabo.

Recuerda que un problema no es razón suficiente para darse por vencido, sino que son una oportunidad para lograr aprender cosas nuevas, son la manera en que logramos ser una mejor versión de nosotros mismos.

Leíste bien, ya no dije únicamente <<construcción de huerto urbano>>, utilicé a propósito la expresión <<construcción de este modelo de vida que estás decidiendo llevar a cabo>> porque eso es precisamente lo que es todo esto. Al construir un huerto urbano no solo estás cosechando plantas dentro o fuera de tu hogar, también estás labrando una nueva versión de ti mismo más amigable con el medio ambiente, estás a punto de adentrarte en un nuevo modelo de vida donde la naturaleza va a tener un lugar muy importante.

¿Estás listo para comenzar? No olvides tener a la mano papel y pluma donde puedas anotar la información más importante de este libro, las dudas que te vayan surgiendo, las ideas que quieras llevar a cabo y todas las anotaciones que necesites para comenzar a ser, como yo lo soy, el orgulloso propietario de su propio huerto urbano. ¡Vamos a por ello!

UNO

LOS FUNDAMENTOS DE LA JARDINERÍA URBANA

¿Qué son los huertos urbanos?
La Real Academia Española define los huertos como "terrenos de corta extensión, generalmente cercados, en los que se cultivan verduras, legumbres y árboles frutales" (Real Academia Española, n.d.). Y, por supuesto, no puede haber una explicación más clara que esa.

Sin embargo, los huertos urbanos no son solo un espacio de jardinería en el interior o exterior de nuestra casa, sino que también son nuestra oportunidad de crear, regular y vigilar los alimentos que ingerimos. Tener un huerto es ser más responsables con el medio ambiente y es una forma inteligente de ahorrar capital. Tener un huerto urbano es desarrollar nuestra capacidad ecológica, siendo más amigables con nuestro entorno y con nuestra propia naturaleza.

Tener un huerto urbano es optar por un desarrollo sustentable a largo plazo, más que una moda es un compromiso por tener un nuevo estilo de vida. Es saber encontrar utilidad aún a los espacios más pequeños de nuestro hogar, es incrementar —no importa si mucho o poco— las áreas verdes de nuestra colonia, de nuestra ciudad y, yéndonos a largo alcance, del país donde vivimos.

Como si todo lo anterior fuese poco, generar un huerto urbano involucra retomar y volver a ser vigente conocimiento ancestral sobre el cuidado de las plantas y pasar ese conocimiento a nuestros allegados, en una red de sabiduría que, además de resultar provechosa, es deliciosa, pues nos aporta alimentos frescos al alcance de nuestra mano.

Participar activamente en el mantenimiento de un huerto urbano se traduce en realizar actividad física de forma constante y, en caso de ser un huerto exterior, de pasar más tiempo al aire libre. Por el contrario, en caso de preferir que el huerto sea interno, eso no demerita en nada su cualidad de poner a su dueño en contacto con la naturaleza, pues es hacer que esta ingrese dentro de la casa.

De igual manera, un huerto tiene propiedades estéticas, pues un jardín bien cuidado es un jardín con un suelo brilloso, unas plantas nutridas, libres de maleza, las cuales desprenden un aroma fresco y agradable. Por lo tanto, no solo el sentido de la vista se ve beneficiado, pues de igual manera lo hace el sentido del olfato y, por supuesto, el paladar al probar el fruto de la planta que hemos sembrado, cuidado y procurado durante un tiempo considerable.

Para lograr construir un huerto urbano exitoso no se requiere de mucho espacio, con un lugar de un metro de extensión es más que suficiente. Tampoco es indispensable contar con un gran capital para invertir, en el mundo de la agricultura a pequeña escala se pueden hacer milagros con un bajo presupuesto.

La agricultura urbana brinda la posibilidad de retomar nuestras raíces y nuestras prácticas primarias que hicieron de la humanidad lo que es hoy en día. Tal es la importancia de los huertos. En la antigüedad nuestros ancestros cultivaban sus propios alimentos, gracias a esa alimentación la humanidad fue capaz de evolucionar.

Por desgracia, eso era antes, hoy en día, en un mundo globalizado, hay muchas personas, sobre todo infantes, que lo único que saben sobre las frutas y las verduras es que se venden en una tienda por un precio determinado, pero no tienen ni idea de todo el proceso que involucra su creación y su mantenimiento.

¿Porqué hacer crecer tu propia comida desde casa?

Imagina a los primeros seres humanos que habitaron en la Tierra hace miles de millones de años. Eran seres nómadas que vagaban de región en región, vivían en cuevas y cazaban animales como medio de subsistencia. Al pasar los años, estos seres evolucionaron y no solo lo hicieron en un sentido genético, sino que también hubo cambios considerables en su físico, su habla, sus costumbres y su cultura.

Cuando el ser humano descubrió el fuego comenzó a asentarse en un solo sitio, donde comenzó a construir su hogar y criar a sus hijos. Al percatarse de que no requería únicamente de proteínas para vivir, sino que también precisaba de carbohidratos para tener un buen nivel de energía, el ser humano comenzó a desarrollar dos prácticas milenarias que continúan vigentes hasta nuestra época. Estas son la agricultura y la ganadería.

La agricultura es una actividad primaria que se dedica a la producción masiva de alimentos con el objetivo de abastecer a toda la humanidad de frutas, verduras, hortalizas y cereales nutritivos. Hoy en día, alrededor del mundo entero, existen miles de hectáreas que se destinan exclusivamente para este propósito, en la mayoría de los países los agricultores reciben apoyo del gobierno para garantizar los buenos resultados de su noble trabajo.

La buena agricultura de un país se ve reflejada en su nivel de riqueza, en su capacidad de negociación a partir de la exportación de sus productos y en el estilo y calidad de vida de sus habitantes. Con la proliferación de la tecnología de los últimos años, la actividad de la agricultura se ha visto exponenciada a niveles inimaginables, a una escala masiva que aporta miles de millones de dólares a la economía mundial de manera anual.

Después de leer todo lo anterior y con nuestra propia experiencia de saber que basta ir al centro comercial o a la tienda más cercana para conseguir la fruta o verdura que queramos, nos podemos preguntar: ¿qué sentido tendría cosechar nuestros propios alimentos?

Siendo más específicos nos podríamos cuestionar: ¿por qué tendríamos que tomarnos la molestia de sembrar semillas, regarlas, esperar a que crezca la planta, darle los cuidados necesarios, cosechar los productos para, finalmente, poder comerlos? Cuando es más sencillo ir hasta el establecimiento de nuestra preferencia, tomar una bolsa, depositar el producto, ir a la caja, pesarlo y pagar por él.

Bueno, la respuesta a esa clase de preguntas es un poco larga y conlleva que miremos todo el contexto desde el cual se crean todos los productos agrícolas.

Desgraciadamente la vida no es un espacio donde todo es blanco o negro, hay una larga lista de tonos de grises en medio. Digo desgraciadamente porque eso significa que no todo es completamente bueno en esta vida. Por ejemplo, con la proliferación de la tecnología, el aumento de la población mundial y las demandas económicas, el sector de la agricultura se benefició, pero también surgieron varios componentes de dudosa calidad.

Algunos de esos beneficios que surgieron en la agricultura son el uso de pesticidas y fertilizantes inorgánicos que añaden químicos a productos que deberían de ser cien por ciento de origen natural. La alta demanda de productos hace que los agricultores tengan la necesidad de cosechar y cultivar una gran cantidad de productos en el menor tiempo posible, sin dar espacio suficiente a la rotación de cultivos, por lo cual, el suelo es bañado, muchas veces, con químicos para mantener un buen estado de nutrientes.

Con esto no quiero decir que todo el sector agrícola a nivel global esté corrompido o que todos los productos que utilizan químicos sean malos. No obstante, si hay una diferencia en cuanto el sabor, la textura y el valor nutricional de un producto cien por ciento orgánico a un producto que contiene demasiados químicos en su composición.

Aunado al uso de fertilizantes y pesticidas de los agricultores se debe de añadir el tiempo de traslado de los productos del campo a la ciudad, por lo tanto, cuando un vendedor nos dice que el producto que adquirimos está fresco es más una forma de hablar que un hecho verídico.

Tanto las frutas, como las verduras, los granos y las hortalizas que se cultivan pasan mucho tiempo encerradas dentro del calor y la humedad de un camión. Es muy común que algunos alimentos comienzan a desarrollar hongos o incluso se pudren durante el traslado. A todo ello, hay que añadir el factor de que los alimentos sufren constantes golpes, lo cual afecta su consistencia y, por tanto, su sabor.

A todo ello hay que añadir también, de igual manera, que los precios de los productos se rigen por la ley de la oferta y la demanda. A su vez esta ley depende de demasiados factores que escapan al control del consumidor. Por ejemplo, si la cosecha se pierde, si el sindicato de agricultores se va a paro o el gremio de los conductores hacen lo mismo, si la importación sube, etc., todo esto provoca que el precio de un alimento disminuya o aumente. Lo primero beneficia directamente la economía del consumidor, por el contrario, el segundo aspecto repercute de manera negativa.

Como habrás podido notar, en muchas ocasiones el alza o la baja del precio de las hortalizas depende de factores externos que nada tienen que ver con la calidad o tamaño de las verduras o de las frutas, esto puede generar grandes pérdidas en las finanzas familiares, sobre todo, en épocas de economía difícil o recesión.

Hasta aquí podría parecer que el mercado de cultivo, exportación y traslado de alimentos, tales como frutas, verduras, hortalizas y cereales, tiene únicamente aspectos negativos. Por supuesto que no, dar tal idea no es mi intención. Mi intención es remarcar que **al hacer crecer nuestra propia comida sabremos cómo fue esta cultivada, vamos a ahorrar dinero, tener un estilo de vida más saludable y que todo esto va a repercutir de manera positiva en nuestra salud mental, ya que va a aliviar nuestro grado de estrés.**

El estrés es uno de los grandes enemigos del cuerpo y la mente humana en el siglo XXI, en un mundo cada vez más competitivo la carga de trabajo y las tensiones emocionales son cada vez más grandes. Una forma en que podemos ayudarnos es teniendo una alimentación sana, la cual incorpore alimentos frescos de los tres grupos de nutrientes principales, es decir, carbohidratos, proteínas y grasas. De acuerdo a la Facultad de Ciencias Médicas de la Universidad de Fasta en Argentina, una correcta alimentación, además de practicar actividad física de forma constante, pueden obrar maravillas en el cuerpo humano. (Barattucci, 2011).

Esto no es un secreto para nadie, multitud de celebridades, atletas de primer nivel y expertos en el tema aseguran que la alimentación es la primera clave para poder lograr el cuerpo de nuestros sueños. Numerosos nutriólogos afirman que un cuerpo tonificado es el resultado, en un treinta por ciento, de un ejercicio constante y en un setenta por ciento de una alimentación balanceada.

De acuerdo al *Journal of Culture and Agriculture*, un estudio realizado en las ciudades de Baltimore y Maryland en Estados Unidos de Norteamérica, arrojaron los siguientes beneficios del uso de huertos urbanos.

- Otorgan más valor a lo que comemos, pues seremos conscientes del esfuerzo que implica el cultivo y el cuidado de los alimentos que degustamos. No sólo eso, sino que al ver de primera mano cómo se desarrolla el fruto de una hortaliza estaremos más en contacto con nuestra alimentación, lo cual repercutirá en nuestros hábitos alimenticios.
- Fomentan el compromiso de la persona al desarrollar su capacidad de paciencia, perseverancia y observación. A pesar de que la agricultura es una actividad que se da de forma natural, los huertos urbanos implican una participación activa y voluntaria de los humanos para ayudar a la naturaleza a hacer su trabajo. Sin paciencia el humano cosechará antes de tiempo e incluso, antes de eso, no dedicaría horas de cuidado a la planta como verificar cantidad de luz, cantidad de riego,

podar y alejar pestes y hongos. Sin perseverancia las personas no establecieron una rutina sobre lo que tienen qué hacer en su jardín, cuándo tienen que hacerlo y cómo tienen que hacerlo. Sin la adecuada observación el agricultor, a pequeña escala, no podrá percatarse de los problemas y contratiempos que pueden surgir durante el cultivo.

- Al utilizar composta la persona comienza a reciclar de manera efectiva, lo cual repercute de manera directa en el medio ambiente. La composta se compone de desperdicios orgánicos, tales como cáscaras de frutas, verduras y huevo, también de los residuos de café. Todo este material es de rápida degradación, sin embargo, no mucha gente tiene la cultura de separar la basura de acuerdo a su naturaleza. Por lo tanto, todo ese material orgánico se confunde la mayoría de las veces con material inorgánico, tal como plástico o vidrio. Al comenzar a hacer composta no solo se está reciclando, sino también aprovechando todos los recursos al alcance de la mano.
- Mejoran el entorno al reducir las emisiones de dióxido de carbono. Esto es sumamente interesante e importante, el aumento de las emisiones de dióxido de carbono están afectando la capa de ozono, la cual protege la Tierra de la intensidad de los rayos de sol, si la capa de ozono se ve afectada la temperatura de la Tierra tiende a aumentar. Las plantas tienen el poder de convertir las emisiones de dióxido de carbono en oxígeno, caso contrario a lo que

hacen los humanos, dicho poder es un arma eficaz para combatir el desastre con el medio ambiente que actualmente estamos viviendo.
- Fomentan los lazos sociales. Esto es más cierto cuando optamos por construir huertos urbanos comunitarios, donde seremos diversas personas las que se van a ocupar de cuidar, vigilar y cosechar las plantas. No obstante, si preferimos tener un huerto de manera individual el fomentar lazos sociales sigue siendo una alternativa. Esto se puede lograr al donar parte de nuestra cosecha a orfanatos, asilos o albergues, así estaremos ayudando a los menos favorecidos. Recuerda que todo el mundo tiene derecho a una alimentación digna.

Entendiendo regulaciones locales

Históricamente cuando los huertos urbanos se han vuelto populares es debido a crisis económicas, las cuales han provocado que las familias opten por medios diferentes para conseguir los alimentos necesarios para su supervivencia y su adecuada nutrición. Esta puede seguir siendo una razón en la época actual, pero el auge de los huertos en los últimos años también se debe a la preocupación por el cambio climático y la intención de gran parte de la población de ser seres más amigables con el medio ambiente.

Hay períodos de gran incertidumbre económica en todas partes del mundo, a veces de manera generalizada o en otras ocasiones de manera individual. Un país puede entrar en recesión económica por una mala administración, por el pago de una deuda externa, por la caída de la moneda, por una disminución en la bolsa, etc. Una persona puede padecer una crisis financiera al perder su trabajo, contraer más deudas de las que puede cubrir, perder sus ahorros, llevar a cabo una mala inversión, etc.

¿Qué se puede hacer en ese tipo de situación donde el dinero, como herramienta para subsistir, se vuelve un medio difícil de conseguir? Por desgracia no hay una respuesta mágica para esta pregunta, pero lo que es cierto es que en esta clase de situación lo mejor es resistir y persistir hasta lograr salir. Es por ello que el dinero que podemos ahorrar al cultivar nuestras propias hortalizas quizás no sea mucho, pero es algo que podemos invertir en otra cosa e incluso ahorrar.

También debemos de recordar que en épocas oscuras para la humanidad el tender la mano al prójimo, ofreciendo comida, es un gesto que nunca pasa desapercibido y que siempre se agradece.

Acerca de las regulaciones legales, primero debe de quedar claro que optar por crear un huerto urbano en nuestro hogar no es ningún delito. Si tenemos los contenedores en nuestra casa, sea en el interior o en el exterior de la misma, nadie nos puede negar nuestro derecho de hacer con nuestro espacio lo que queramos.

En caso de vivir en un red de departamentos o en un coto de viviendas y el espacio que queramos usar sea de propiedad comunal tenemos dos opciones. La primera de ellas consiste en hablar con los vecinos y obtener su permiso por escrito, para evitar malos entendidos en el futuro, de que nadie tiene un problema con ceder el espacio para generar un huerto urbano.

La segunda opción consiste en invitar a los vecinos del edificio o del coto a formar parte del proyecto, de esta manera no solo vas a compartir el costo económico que involucra crear y mantener un huerto urbano, sino también las responsabilidades del cuidado de las hortalizas y, por supuesto, la cosecha que se obtenga.

Al decidir hacer un huerto urbano comunitario estamos relacionándonos de una manera más proactiva y directa con nuestros vecinos, amigos o familiares, lo cual fortalecerá nuestros lazos con la comunidad. Eso es un beneficio añadido de emprender la agricultura a pequeña escala, la posibilidad de entablar relaciones sociales benéficas y productivas. Todos necesitamos, si no ya de amigos, si de compañeros con los cuales tengamos cosas en común.

El conflicto es una parte inherente de todas las relaciones humanas. Sin importar si son familia, enamorados, amigos o vecinos donde hay dos o más personas lo cierto es que tarde o temprano va a ver roces, malentendidos, disputas e incluso discusiones, por esto es muy importante instaurar desde el principio reglas y acuerdos para la sana convivencia. Igualmente se debe de concretar una misión y un objetivo grupal, pues de esa forma sin importar cómo sea la relación entre los miembros del equipo, todos siempre recordarán que lo más importante es que las plantas vivan y logren florecer.

Si te preocupa la cuestión legal antes de iniciar un huerto, debes de saber que en todo el mundo, y España no es la excepción, el gobierno impulsa, alienta, fomenta, protege, regula y gestiona este tipo de iniciativas ciudadanas. No importa si se trata de una iniciativa privada, de una asociación civil o ecologista, el esfuerzo de querer proteger el medio ambiente, de querer cuidar la alimentación y ser útil a la sociedad siempre es bien recibido. No lo digo yo, lo dice igualmente el Departamento de Urbanística y Ordenación del Territorio de la Universidad Politécnica de Madrid (Morán Alonso; Hernández Aja, 2011, p. 11).

Las herramientas necesarias que necesitas para empezar

Una vez que hemos descubierto o afianzado nuestro conocimiento sobre la importancia y las ventajas de tener un huerto en casa, ya sea en el interior o en el exterior de nuestro hogar, es momento de prepararnos para la aventura. Todo emprendimiento surge desde la decisión y la voluntad, pero para proseguir requiere de las herramientas necesarias que garanticen su éxito.

En el caso de la agricultura a pequeña escala las herramientas no son muchas. Lo ideal es que seas amable contigo mismo y con tu bolsillo cada vez que vas a iniciar una nueva aventura, que aunque va a resultar provechosa, no debe de generar ningún impacto elevado en tu economía. A continuación vas a encontrar una lista de las principales herramientas que ocupas y una breve explicación de cómo emplearlas.

Tú sabrás cuánto dinero estás dispuesto a invertir con tal de tener una mejor alimentación y una relación más directa y positiva con el medio ambiente. Por lo cual será tu tarea encontrar el mejor precio para cada herramienta. ¿Estás listo? ¡Comencemos!

1. **Paleta de jardinería**. Es una herramienta indispensable para todos aquellos que trabajan con tierra. Usualmente son construidas con acero inoxidable y sirven para plantar, remover, trasplantar, podar, cultivar e injertar plantas y semillas.
2. **Cultivador de tres puntas**. Sirve para

airear y soltar la tierra de forma sencilla y rápida, con lo cual se puede remover la cantidad justa que se precisa para el trabajo. Como su nombre lo indica es una herramienta construida con madera y acero inoxidable que se caracteriza por su terminación en tres puntas.

3. **Podadora**. No estamos hablando de podadoras de pasto útiles para grandes extensiones de tierra, sino de tijeras para podar. Sirve para quitar ramas innecesarias en las plantaciones, las cuales obstaculizan el crecimiento y el buen desarrollo de los frutos. De igual manera su importancia radica en su capacidad de realizar cortes parejos.

4. **Manguera o regadera**. Ya es decisión de cada quien por cual de estas dos opciones optar. Lo importante es mantener un buen nivel de hidratación en todas las plantas para lograr un ambiente propicio para su crecimiento. La manguera otorga la ventaja de poder seleccionar el estilo de riego y la potencia del agua. De igual forma, la regadera permite ser conscientes de cuánta agua estamos otorgando a las plantas.

5. **Martillo**. Se puede pensar que este instrumento es propio exclusivamente de la carpintería, pero tal cosa es un pensamiento errado. Un martillo es un gran aliado para golpear la tierra, remover la tierra en aquellos espacios donde el cultivador de tres puntos se ve impedido o se le dificulta la tarea. De igual manera sirve para sellar el sembrado de semillas.

6. **Guantes**. Trabajar en el sector agrícola, aunque sea a muy pequeña escala, representa un trabajo activo con nuestras manos y debemos de proteger a las mismas. Al momento de atender los huertos, en contacto directo con la tierra, las plantas y la composta y al hacer uso de las herramientas, podemos sufrir de golpes, cortaduras o heridas de leves a mayores. Se recomienda el uso de aquellos que están fabricados en poliéster.
7. **Contenedor para recoger escombros**. Este contenedor será de vital importancia al inicio de la creación del huerto, más cuando este será colocado en el exterior. Esto se debe a que el espacio que se va a ocupar debe de ser limpiado de maleza y de cualquier elemento que pueda obstaculizar el correcto arado de la tierra y el cultivo de los productos. Dependiendo del tamaño de nuestro huerto debe de ser el tamaño de nuestro contenedor, en muchos casos aquellos cuyas medidas son 26 x 16 x 15" resultan perfectos.
8. **Contenedor para recoger la cosecha**. Este es el instrumento más satisfactorio de todos cuanto hemos nombrado. Las medidas idóneas, dependiendo del tamaño del huerto, es de 26 x 16 x 15", ya que evitarán derrames del producto o que este se comprima y se magulle por no tener espacio donde acomodarse.
9. **Contenedor para realizar la composta**. El uso de la composta es imprescindible para lograr una cosecha exitosa.

Al igual que en el contenedor para recoger los escombros y para recoger la cosecha, las medidas de 26 x 16 x 15" resultan también adecuadas para almacenar la composta. De lo cual hablaremos más adelante.
10. **Contenedores donde depositar las semillas y llevar a cabo el cultivo**. Veremos cómo escoger los mejores contenedores para esta tarea en el Capítulo II para huertos interiores y en el Capítulo III para huertos en el exterior.
11. **Botella de spray**. La composta producida — tema que abordaremos más adelante — deberá ser colocada sobre huerto en dos formas distintas, la primera como abono de forma directa a la tierra y la tercera como fertilizante líquido.

¿Estas son todas las herramientas que se ocupan en los huertos urbanos? La respuesta honesta es no, estas no son todas las herramientas que se utilizan en un jardín, pero si son primordiales. Por otro lado, siendo más honesto, hay personas que se las arreglan para hacer florecer de manera hermosa su jardín con la mitad de estas herramientas. Lo que quiero decir es que cosechar un jardín depende más de tu voluntad que de tu bolsillo.

DOS
HUERTO URBANO EN INTERIORES

A todas las personas en algún momento de nuestras vidas se nos ha aconsejado que <<tomemos aire fresco>>. Con esa expresión lo que se quiere señalar y recalcar es la importancia de salir al aire libre, de no permanecer enclaustrados en lugares rodeados de cuatro paredes de concreto sólido, de entrar en contacto con la naturaleza y, por lo tanto, de convivir más con nuestro medio ambiente.

La idea en sí misma no es nada descabellada y, de hecho, cuando se lleva a la práctica resulta extremadamente agradable. Por desgracia, con una jornada laboral de ocho horas diarias cinco días a la semana, más el tiempo de traslado, aunado a la cantidad de horas que invertimos en actividades familiares, académicas, sociales o personales, el tiempo que podemos invertir en viajar fuera de la ciudad y entrar en contacto con la naturaleza es muy reducido.

Es cierto que cuando una cosa realmente se quiere hacer se puede lograr y también es verdad que cuando un problema no tiene solución aparente, es necesario ser cada vez más creativos para encontrar una respuesta donde parece que no la hay. Si ir rumbo a la naturaleza nos cuesta mucho trabajo e implica un esfuerzo que difícilmente podemos realizar, también es posible llevar a la naturaleza hasta nuestros hogares.

¿Cómo podemos llevar a la naturaleza hasta nuestra casa? Tal vez la primera idea que nos viene a la mente es la imagen de un jardín gigante, lleno de árboles y animales. Si vivimos en una casa pequeña sin patio delantero o posterior o en un conjunto de departamentos, esa imagen se puede convertir fácilmente en nuestra realidad, no por ello debemos de desanimarnos.

Existe una manera de lograr llevar a la naturaleza hasta el interior de nuestras casas, sin importar que tan grande o pequeñas sean estas, esa forma involucra crear nuestro propio huerto interior. Los beneficios son largos e importantes de recordar para lograr un poco de motivación extra para proseguir y realizar este proyecto.

¿Cuáles son los beneficios de criar plantas en el interior, ya no solo de nuestras casas, sino de cualquier sitio?

- Aromatizar el ambiente de manera natural. En muchas ocasiones diversos olores se quedan impregnados en el interior de nuestro domicilio, con esta forma podremos liberar el aire.
- Mejoran el ánimo de las personas. Tener un huerto implica dedicación y, por lo tanto, otorga un sentido de responsabilidad a quien lo hace. Quien dedica tiempo a esta actividad logrará un sentimiento de satisfacción al ver el resultado de su esfuerzo.
- Proporcionan un medio para relajarse. Solo basta con respirar su aroma y ver sus colores para experimentar una sensación de tranquilidad.

- Purifican el aire. La fotosíntesis es un proceso natural de las plantas, el cual tiene la particularidad de convertir dióxido de carbono en oxígeno.
- Ayudan a respirar mejor. Esto se debe a sus propiedades aromatizar los espacios y purificar el aire, también generan un mayor nivel de humedad en el ambiente.
- Son remedios naturales. No solo son alimentos nutritivos, muchas plantas pueden ayudar a mitigar e incluso calmar dolores de cabeza, problemas gastrointestinales, etc.
- Reducen la sensación de fatiga. Eliminar el dióxido de carbono del ambiente, a la par que incrementa la cantidad de oxígeno de un lugar, también ayuda a reducir en más de un 20 % la presencia de polvo y agentes patógenos. Respirar un ambiente viciado puede provocar malestar en las personas, haciéndolas sentir débiles y mareadas.
- Reducen el ruido.
- Reducen el nivel de contaminación mundial. Muy probablemente habremos escuchado en las noticias los estragos del calentamiento global y nos preocupemos, sembrar plantas, donde sea, es una manera de ayudar a combatir este problema mundial, aunque sea a una pequeña escala.
- Tus niveles de concentración y productividad van a mejorar. Esto no es una fórmula mágica de la clase en que puedes pensar que por sembrar unas ramas de cilantro, esporádicamente vas a tener un mayor nivel de

concentración, no. Tu productividad y tu capacidad de atención van a incrementar como resultado de tu dedicación al trabajo en tu huerto.
- Son adornos naturales. En muchas ocasiones buscamos desesperadamente algo con lo cual poder dar un estilo único a nuestras viviendas, las plantas son la solución.

Esta idea de llevar la naturaleza al interior no tiene porqué quedarse únicamente en la opción de implementar un jardín en nuestra casa, podríamos hacerlo también en nuestros negocios o en nuestra oficina. Tal vez pueda parecer un poco descabellado la idea de instaurar un huerto urbano dentro de una oficina, ¡cómo vamos a tener una planta de tomates al lado del archivero! Bueno, ¿por qué no podríamos hacerlo?

Si eres de gustos más convencionales tal vez tener una planta de patatas en la entrada de tu negocio recibiendo a tus clientes no sea lo tuyo, pero piensa que puedes optar por otras plantas, tales como albahaca, menta, cilantro, romero, apio, etc. Las cuales son hortalizas aromáticas que limpiarán el aire del interior e infundirán un fuerte sentido estético a tu empresa. Imagina una librería, un despacho de abogados, una ferretería, una veterinaria, un consultorio médico, una notaría, una tienda de ropa, un comercio de muebles, incluso una agencia automotriz y toda clase de negocios que puedas concebir adornados con contenedores repletos de hortalizas. ¿Bello, no?

Cómo evaluar tu espacio

Una vez que ya hayas decidido colocar tu huerto en el

interior de tu domicilio es momento de determinar cuál es el mejor espacio para llevar a cabo tu proyecto. Es muy fácil evaluar cuál es el mejor espacio, pues la respuesta reside en encontrar un sitio que tengamos disponible. Así de sencillo, piensa es ese hueco donde nunca sabes qué poner o que tienes lleno de cosas y que siempre has querido limpiar y arreglar de otra manera. A la hora de evaluar tu espacio considera que la creatividad es tu gran aliada, no te pongas límites a ti mismo, deja que tu inventiva fluya en cualquier dirección.

No importa si el lugar que escojamos tiene mucha o poca luz natural, si es muy grande o muy pequeño, si es muy húmedo o muy seco, puesto que cualquiera de estos aspectos puede ser corregido de tal forma que, cual Cenicienta, aquel rincón apartado, olvidado por nosotros, sin decoración, se va a convertir en un hermoso huerto interior que nos va a proporcionar un aire más limpio, alimentos saludables y una disminución considerable en nuestro nivel de estrés.

Para poder evaluar tu espacio concéntrate en los siguientes factores.

- Grado de exposición a la luz. ¿Tiene una exposición plena al sol, media sombra o sombra completa?
- Orientación, es decir, ubicación geográfica. Saber en qué punto cardinal ubicamos nuestro huerto, nos va a permitir saber la cantidad de tiempo y el grado de exposición al sol que tendrá. Recuerda que para poder establecer en qué punto cardinal está ubicada tu casa y, en especial, tu huerto interior debes de tomar como referencia que el sol sale por el este. Los

expertos recomiendan la ubicación este o sur para las plantas que requieren de mayor luz solar.
- Acceso al agua. Contrario a lo que sucede con un huerto ubicado en el exterior, el acceso que tenga el espacio del huerto interno al agua no es una cuestión primordial, siempre y cuando estemos dispuestos a acarrear diariamente el agua necesaria de un punto a otro de la casa.
- Lejos de fuentes de calor. Es necesario que el espacio seleccionado no esté cerca de electrodomésticos o dispositivos eléctricos en general, pues estos incrementan el grado de calor del lugar.
- Considera las paredes de las habitaciones como aliadas. Quizás el espacio de nuestra vivienda sea muy reducido, de ser así las paredes se pueden convertir en grandes aliadas, pues podremos colocar bandejas suspendidas.
- Hay que tener en cuenta el espacio que va a ocupar el sistema de desagüe improvisado. Ya que nuestras plantas estarán puestas en contenedores o bandejas, el sistema de desagüe será también un contenedor o bandeja que recoja toda el agua sobrante, con la finalidad de que esta se estanque en las plantas.
- Tiene que ser un lugar de fácil limpieza. Poder mantener una casa limpia es trabajo de todos los días, lo mismo sucede con un huerto. El lugar donde se encuentren nuestras plantas tendrá que ser diariamente limpiado, para evitar la acumulación de tierra, agua, tallos y maleza.

Cómo cultivar en interiores

Saber cultivar plantas y crear un huerto interno es un arte y como todo arte hay que aprender en qué consiste y practicar día con día para poder mejorar. Ante la pregunta sobre cómo cultivar en interiores mi respuesta es que necesitamos considerar los siguientes aspectos.

Primero, elegir el sitio. Ya hemos visto que cualquier sitio es perfecto para emprender un huerto urbano, ya sea porque cumple de facto con todos los factores necesarios o porque podemos acondicionar el ambiente para que cumpla con los requisitos solicitados.

Segundo, elegir el suelo correcto. Con esto no me refiero al espacio donde se va a ubicar el huerto, sino la tierra en la cual se han de sembrar las semillas. En la mayoría de los casos y dependiendo de la clase de planta se necesitará una mezcla diferente de suelo.

Por ejemplo, para las plantas que necesitan una exposición prolongada al sol lo mejor es una mezcla de tierra para macetas, vermiculita y turba. Para las plantas que requieren una exposición media al sol, también denominada sombra parcial, lo mejor es una mezcla de arena, corteza de pino y turba. En aquellas plantas donde se requiere sombra lo ideal es una mezcla de tierra para macetas, arena, turba y perlita.

En estos momentos posiblemente te estés preguntando dónde puedes conseguir todos estos tipos de tierra que he mencionado, para poder proporcionar así el suelo adecuado a tus cultivos. La respuesta es muy sencilla, basta con ir a un invernadero o a una tienda especializada en productos para el jardín o la agricultura para poder conseguir lo que estamos buscando.

En caso de que tu presupuesto sea sumamente limitado

siempre hay una opción a la cual puedes recurrir. Esto es tomar cualquier tipo de tierra que encuentres de manera gratuita, tal vez de tu propio patio y volver a nutrirla. Este proceso puede ser un poco tardado, pero va a valer la pena. Consiste en tomar esa tierra y utilizar una parte de ella para hacer composta, después tanto el líquido como la tierra de composta, mezclarla con la tierra y así continuamente durante semanas.

Tercero, en la relación de materiales del Capítulo I ya hemos hablado de los contenedores que se necesitan para poder cultivar. Escoger los contenedores adecuados para la tarea requiere de tomar en cuenta tres factores: tamaño de la planta, rapidez de crecimiento de la misma y estilo de drenaje a utilizar. Para plantas pequeñas de crecimiento lento lo mejor es contenedores pequeños y para plantas grandes de crecimiento rápido lo mejor son contenedores grandes. Sobre todo, sin importar el material que utilicemos (plástico, barro, etc.), tenemos que estar seguros de que es un material resistente.

Cuarto, aprender a regar todas las plantas de acuerdo a sus propiedades y necesidades. Cualquier buen agricultor y jardinero te dirá que una planta requiere la cantidad de agua precisa para ella, pues si le das mucha se ahogara y si le das muy poca se secará.

Todas las plantas se clasifican en alguna de estas tres categorías: baja humedad, humedad regular y alta humedad. En la primera clasificación entran todas aquellas plantas propias del desierto y en la última clasificación casi todas las plantas del interior, pues al no tener un contacto directo con el exterior suelen secarse más rápido.

En este apartado también es recomendable pensar si vamos a ocupar o no una base de agua, que es aquella donde las raíces de todas las plantas están en contacto directo con el agua. Esta no es una herramienta imprescindible, pero sí muy útil dependiendo del tipo de plantas que decidamos cultivar y del tiempo que podamos dedicar a cuidar nuestro huerto.

Quinto, aprender a usar el fertilizante con sabiduría. Una de las grandes diferencias entre el huerto en el exterior y el huerto en el interior de los hogares es que el segundo no recibe, como el primero, los nutrientes necesarios de su contacto con el medio ambiente. Todas las plantas necesitan vitaminas y minerales y las plantas del interior requieren obligatoriamente que los humanos las dotemos. Para esto es necesario generar una composta orgánica.

Sexto, averigua si trasplantar la planta es una buena idea. En ocasiones la planta va a crecer mucho más que el contenedor donde está sembrada, de llegar a este punto, el dueño debe de preguntarse si es buena idea o no mudar la planta del interior al exterior.

Una vez que cumpla un año de antigüedad dentro del contenedor la planta necesitará ser transferida a otro lugar, aquí lo que el pequeño agricultor debe de cuestionarse es si quiere tener la planta en un contenedor más grande en el interior de su casa, o si por el contrario quiere que la planta crezca en un jardín en el exterior.

En caso dado de que no cuentes con un jardín exterior, ni espacio suficiente para construir uno, ni siquiera para colocar un contenedor, debes de plantearte el hecho de replantar tu hortaliza en un huerto comunitario, en una acera pública (con el correspondiente permiso, claro), e incluso regalar la planta a un invernadero.

Séptimo, recordar siempre que tener un huerto orgánico es un compromiso de por vida que requiere trabajo, dedicación y, sobre todo, cariño. Estas características no deben provocar desánimo, es todo lo opuesto, tener un jardín implica construir un propósito y un sentido para tu vida. Es una actividad que te va a reportar dicha.

Sobre la luz y la temperatura

Una vez que hemos elegido el sitio que vamos a destinar para crear nuestro huerto interno, conocemos qué tipo de suelo necesitamos, cuál nivel de hidratación requieren las plantas, es importante tomar en cuenta otros diversos factores, tales como la luz y la temperatura.

En dado caso de que las plantas tengan poco acceso a la luz solar será necesario usar la luz LED. Incluso aquellas plantas que se consideran de sombra requieren, de vez en vez, un buen rayo de luz.

Para elegir la mejor luz LED es oportuno saber cuál es el color de la luz, cuántas horas de luz habrá que proporcionar y qué cantidad de luz requieren las plantas. Aquí una descripción de cada color.

- Color azul: Se encarga del crecimiento vegetativo desde la germinación hasta la floración.
- Color rojo: Es el responsable de la elongación del tallo, es decir, qué tan largo es este.

Para obtener plantas saludables es necesario combinar ambos colores, pues en caso de únicamente utilizar el color azul tendremos plantas pequeñas y en caso dado de solo utilizar el color rojo corremos el riesgo de que la semilla no crezca.

¿Cuál es la cantidad de tiempo que las plantas deben de recibir luz LED? Dependiendo del tiempo de planta, si es una planta de sombra bastará con un período de 4 a 6 horas diarias, si es una planta de exposición media serán suficientes de 6 a 9 horas, por el contrario, si es una planta que requiere una gran exposición al sol habrán de tener un contacto con la luz de 9 a 12 horas.

Toda esa cantidad de horas es tomando en cuenta que las plantas del interior nunca reciban la luz directa del sol, en caso dado de que sea así, las horas en que son sometidas ante la luz LED deben de disminuir.

Bajo ninguna circunstancia se debe de privar a las plantas de la luz solar o de la luz LED por periodos prolongados de tiempo, así como tampoco deben de ser sometidas a su exposición por tiempo prolongado sin descanso.

Quizás tengas reservas sobre utilizar luz LED, incluso te puede parecer un poco paradójico el hecho de tener un huerto para obtener comida orgánica y utilizar luz artificial para crearla. Te entiendo perfectamente, a mí también me paso lo mismo al principio, hasta que descubrí todas las ventajas de la luz LED.

A la luz LED se le conoce como iluminación ecológica, puesto que contrario a las halógenas tradicionales no utiliza gases o mercurio, es decir, es amigable con el medio ambiente. Tampoco se tienen que preocupar por un alto coste por su uso durante horas, ya que trabajan con baja tensión, lo cual hace que su gasto energético sea bajo. Es cierto que su precio de venta suele ser un poco elevado, pero es una buena inversión.

Otro factor a considerar es el de la temperatura. Muchas veces en el interior de una construcción hace mucho más o mucho menos calor de lo que ocurre en el exterior. La variable de la temperatura debe de considerar la ubicación del huerto, el cual no debe de estar cerca de aparatos eléctricos.

La temperatura mínima en el interior debe de ser de 7°

C y la temperatura más alta a la que deben de ser sometidas las plantas es de 20 °. Muchos expertos afirman que la temperatura ideal es de 15 °. Lograr este patrón de temperatura es difícil y lo es aún más en ciudades con clima tropical donde la temperatura promedio suele oscilar entre los 30 °.

Es importante consultar la temperatura del ambiente de forma diaria para saber cuántos grados por encima está la temperatura del lugar con respecto a la temperatura deseada por las plantas. Esto lo podemos hacer mediante el uso de nuestro propio termómetro o consultando la información en diversas páginas web especializadas.

Para intentar mantener las plantaciones en una temperatura ideal para su crecimiento y desenvolvimiento podemos recurrir al aire acondicionado, ventiladores y una constante hidratación de los sembrados. Estos instrumentos no deben de ser colocados a una corta distancia de las hortalizas, sino mínimo a un metro y medio de los cultivos para que estos puedan recibir sus efectos con una potencia idónea para no verse afectados.

Los mejores cultivos para plantar en interior

Cada planta requiere de una exposición diferente al sol, para ser un buen agricultor y el orgullo propietario de un huerto interior exitoso y próspero debes de conocer la siguiente información:

Plantas que requieren una exposición completa al sol: ajo, alcachofa, brócoli, calabacín, cebolla, fresa, judías, pepino, jitomate y perejil. Esto quiere decir que estas plantas requieren de 7 a 9 horas diarias de luz.

Plantas que requieren sombra parcial: escarola, guisante, haba, patata, puerro y berenjena. Este tipo de hortalizas ocupan de 4 a 6 horas de luz.

Plantas que requieren sombra: acelga, apio, col, coliflor, espinaca, lechuga, puerro y rábano. Cuando se dice sombra no se dice oscuridad total, estar a la sombra se traduce como una mínima exposición al sol, estamos hablando entre 1 a 3 horas diarias.

Las plantas aromáticas suelen ser perfectas para el interior. Esto se debe a que no ocupan mucho espacio y no requieren de una exposición prolongada al sol. Tal es el caso de plantas como cebollino, menta, perejil, cilantro y albahaca.

Como es tu primera vez en el apasionante mundo de los huertos orgánicos tal vez pienses que ese tipo de plantas no son realmente necesarias, o que no van a representar una gran diferencia en tu economía por sus bajos costos. Tal vez estabas pensando en ti mismo como un agricultor que cosecha zanahorias, papas, brócoli y jitomate por kilos y no en alguien que cosecha tallos de menta y cilantro.

Permíteme decirte que todas estas plantas, el cebollino, la menta, el perejil, el cilantro y la albahaca son hierbas que refuerzan el sabor de la comida y que, además de todo, representan un buen lugar donde iniciar en el mundo de la agricultura.

Aquí otra lista de alimentos que pueden ser cultivados en el interior pues necesitan una exposición media al sol: aguacate, cebolla y jengibre.

Aviso importante: si es la primera vez que vas a iniciar con un jardín no intentes comerte el mundo de un solo bocado, o en otras palabras no intentes sembrar o plantar todos los ejemplos que aquí he puesto. Recuerda que todo largo viaje inicia con un paso, para empezar a probar de qué consta el mundo de la agricultura puedes empezar con una o dos hortalizas, conforme vayas progresando puedes cultivar más especies de distinto tipo. Así, cuando menos te lo esperes, ya tendrás un huerto urbano que no te va a costar trabajo manejar, pues poco a poco habrás aprendido a mantenerlo.

¿Cuál es la técnica de jardinería adecuada para su espacio?

Afortunadamente para nosotros la idea de tener un huerto en el interior de nuestro hogar no es una idea nueva, al contrario, es una práctica milenaria que durante mucho tiempo estuvo en desuso, pero que ahora vuelve a abrirse paso en el terreno de la cotidianidad por todos los beneficios que aporta. Esto significa que hay mucha información al respecto cuya validez ha sido comprobada a través de la experiencia por multitud de agricultores y jardineros.

Los tres tipos de jardines idóneos para interiores son tres, los jardines verticales y colgantes, los jardines de contenedores y los jardines hidropónicos. En cada uno de ellos las plantas deben de prepararse y separarse de manera diferente.

Más adelante en el libro, en específico en los capítulos cuatro, siete y ocho vamos a abordar con más detenimiento este tipo de jardines. Por el momento va una pequeña introducción.

Los jardines verticales, también denominados huertos verticales, son aquellos que nos permiten aprovechar las paredes de nuestro hogar. Es una estructura suspendida contra una de las paredes y es la opción preferida de aquellas personas que o cuentan con poco espacio o quieren agregar un elemento innovador a su diseño de interiores.

Por su diseño los huertos verticales no pueden soportar contenedores de gran profundidad por el peso que esto involucra, así que hay que optar por contenedores pequeños. Las medidas máximas permitidas en esta clase de jardines son de 18 cm de alto, por 24 cm de ancho y 57 centímetros de largo. De igual manera, para dar un toque vanguardista y ecológico a nuestro diseño podemos optar por garrafas o botellas de plástico a partir de dos litros, por pallets de madera y bolsas de plástico y, por último, por un zapatero de tela.

En los jardines verticales hay que optar siempre por plantas de lento crecimiento y, muy importante, optar siempre por las semillas de temporada. Ejemplo de alimentos aptos para esta clase de huertos son: guisantes, tomates, pepinos, habas, judías y calabacines.

En jardines de contenedores tienen tamaños y capacidades diferentes, pueden ser apilados en el suelo de manera horizontal o vertical, pueden ocupar una larga extensión de espacio o una pequeña, dependiendo de los gustos y necesidades. En este caso, una de las mejores técnicas es optar por contenedores apilables.

Los contenedores apilables son perfectos para aquellos que pueden destinar un espacio muy pequeño para su huerto dentro de casa, o para aquellos que teniendo un espacio más grande buscan también poder sembrar más y más producto. La estructura apilable puede ser comprada en una tienda especializada o puede ser elaborada por el propio dueño, teniendo en cuenta la importancia de que todos los contenedores estén pegados el uno al otro.

Otra de las ventajas de este tipo de diseño apilable es el ahorro de agua. Al comenzar a regar las plantas de arriba hacia abajo, el agua se filtra, provocando un mayor nivel de hidratación.

El nombre de huertos hidropónicos puede resultar un poco extraño y darnos la apariencia de ser un proceso sumamente elaborado y complicado. Aunque es cierto que los huertos hidropónicos requieren de un poco más de elaboración que sus homónimos, eso no significa que sean imposibles de construir o que su mantenimiento resulte agotador, únicamente significa que debemos de dedicar más tiempo y ser más cuidadosos y atentos con su mantenimiento.

Los huertos hidropónicos son perfectos para ser ubicados cerca de las ventanas, e incluso en la misma cornisa. Con botellas de plástico rellenas de tierra y bolas de arcilla, tendrás lo necesario para empezar. En la parte inferior de cada botella tendrás que abrir un espacio lo suficientemente grande para que quepa la boquilla de otra botella. Este agujero, a su vez, debe de ser lo suficientemente pequeño para impedir que la boquilla de la otra botella se desprenda.

De igual manera, todas las botellas deberán estar aseguradas las unas con las otras por medio de un cordón que va a estar en el medio de ellas. El largo de esta estructura puede ser el que mayor nos convenga. Se debe de tener presente el hecho de que al menos que contemos con una bomba de agua, la cual es de gran ayuda pero no completamente necesaria, se debe de estar suministrando constantemente agua a todas las plantas.

Plantando

Supongamos que queremos empezar a muy pequeña escala. La idea de tener un huerto vertical nos llama la atención, pero no estamos seguros sobre taladrar nuestra pared por la inversión económica que esto conlleva, además del trabajo de instalación. Supongamos también que la inversión que podemos realizar en estos momentos es mínima. Con todo esto en mente, vamos a iniciar un recorrido para aprender sobre cómo plantar semillas de la manera más fácil posible.

En este punto necesitas un contenedor, puede ser una maceta o un recipiente de plástico o de barro, de igual manera puede ser una botella de plástico. Incluso podemos llevar a cabo el trabajo en vasos de plástico chicos, medianos o grandes. Requieres contar ya con algunas semillas de lo que deseas cultivar, para conseguir las semillas puedes acudir a una tienda especializada en el tema o utilizar las mismas semillas o tallos de los frutos que tienes en casa.

Empecemos con una botella de plástico. Es necesario hacer un corte en uno de sus lados de tal forma que nos quede un pequeño cuadrado abierto sobre su superficie. De igual forma puedes utilizar un vaso de plástico, esta clase de técnica en un espacio sumamente reducido recibe el nombre de semilleros. Recuerda que si te importa mucho la apariencia estética de las cosas a cada uno de estos envases de plástico los puedes decorar a tu gusto.

Si la idea de tener un montón de botellas de plástico por toda tu casa no te termina de seducir, también puedes optar por una linda y discreta zapatera de tela, o macetas del tamaño de tu preferencia donde poder elaborar tu siembra.

Primer paso, escoger el recipiente donde vamos a sembrar. Asegurarnos que este recipiente cuenta con el suelo adecuado para la siembra y con un porcentaje de abono.

Segundo paso, tener las semillas listas. Este paso consiste, a su vez, en dos pasos diferentes. Por un lado, comprar o conseguir las semillas de nuestra preferencia y segundo humedecerlas con un poco de agua. Basta con salpicar con unas cuantas gotas de agua un puñado de semillas, siempre y cuando estemos seguros de utilizarlas en un período no mayor a 24 horas.

Tercer paso, abrir un pequeño hoyo en la tierra cuya profundidad sea dos o tres veces el tamaño de la semilla que vamos a sembrar. En dado caso de que el recipiente donde se ubique la semilla sea largo y queramos cultivar más semillas en él lo prudente es dejar una distancia aproximada de tres veces el tamaño de la semilla.

Cuarto paso, sembrar la semilla. Es decir, colocar la semilla de nuestra preferencia, previamente humedecida, en el espacio en el suelo que hemos hecho.

Quinto paso, cubrir la semilla con tierra y compactar el espacio. No cubrir con tierra todo el recipiente, entre el suelo y el borde del contenedor debe de quedar un espacio aproximado de tres centímetros.

Sexto paso, sentirnos bien con nosotros mismos por el inicio de nuestro huerto urbano interior.

Cuidado y mantenimiento

Una vez que hemos elegido el espacio donde colocar nuestro huertos, los recipientes y el modelo donde hemos de cultivar y hemos sembrado nuestras primeras semillas, ya llevamos parte del trayecto recorrido, sin embargo, nos falta lo más importante: el cuidado y el mantenimiento de nuestro huerto para garantizar su durabilidad y garantizar también el fruto de nuestros esfuerzos.

Muchas personas dicen que antes de tener un hijo, las personas deberían de tener una mascota para aprender sobre cuidados básicos, responsabilidades y cambios en la rutina a consecuencia de un ser vivo que depende de ellos para sobrevivir. Hay quien asegura que antes de tener un bebé o una mascota, lo primero es aprender a cuidar de una planta.

Si un bebé tiene hambre, tiene frío, se siente enfermo o

se ha hecho del baño, llora y grita. Algo parecido sucede con los animales domésticos, sin importar si son perros, gatos, loros, ratones o tortugas encontrarán la manera, por medio del ruido, de hacer partícipe a sus dueños de sus necesidades. Con las plantas es muy distinto, las plantas son silenciosas y, muchas veces, cuando demuestren que necesitan algo a través de su apariencia exterior ya es muy tarde para poder hacer algo al respecto.

Un agricultor urbano, un agricultor a pequeña escala, o si se prefiere el nombre de propietario de un huerto urbano, debe de ser una persona responsable, observadora, disciplinada y considerada, debe de saber demostrar compasión y empatía no solo con los seres humanos sino también con todos los seres vivos en general.

Dichas cualidades no se adquieren de facto, es decir, no se nace con ellas, sino que conforme vamos creciendo vamos aprendiendo dicho comportamiento. La responsabilidad, la capacidad de observación, la disciplina, la compasión y la empatía son cualidades que, cada uno de nosotros, debe ir cultivando diariamente.

Estos son los pasos que debemos de seguir para cuidar con amor a nuestras plantas, con el objetivo de disfrutar de sus deliciosos y nutritivos frutos.

Primero, uso adecuado de la composta. Cuando sembremos nuestras semillas la composta debe de formar parte del suelo, al menos un 20 % de la tierra debe de ser composta. En dado caso de que ya hayamos sembrado, es importante colocar cada semana una porción de 250 gramos de composta a cada uno de nuestros recipientes. Para evitar que haya una sobrepoblación de tierra, antes de colocar la composta debemos de sacar la misma cantidad de tierra. Dicha tierra la podemos vaciar a nuestro contenedor de composta. Todo es un ganar ganar.

¿Cómo elaborar composta? Es muy sencillo. En el recipiente que hayas elegido cubre sus paredes con una bolsa negra de plástico. En el fondo del mismo, hasta cubrir máximo un tercio de su capacidad, coloca tierra u hojas secas. Después vacía con regularidad los restos orgánicos de tu comida, las cáscaras de frutas y verduras, los cascarones de huevo, etc. Posteriormente cubre con tierra. Toda esta mezcla no debe cubrir por completo el recipiente, recuerda siempre dejar un espacio vacío hasta llegar al borde. Espera de dos a tres meses para utilizar la tierra que allí se encuentra. Repite estos pasos cuantas veces quieras. ¡Es todo!

Segundo, riega continuamente tus plantas.

Tercero, poda tu huerto para evitar que crezca la maleza y ayudar al crecimiento de tus plantas.

Cuarto, vigila que los tallos de tu planta no toquen el suelo.

Quinto, tienes que cerciorarte de que tengan suficiente luz natural o luz LED.

Sexto, vigila la temperatura a la cual se encuentran tus plantas y trata de regular la misma en caso dado de que sea demasiado elevada o baja.

Séptimo, observa cual cambio brusco e inusual en tus cultivos. Tienes que ser una persona atenta a la aparición de pestes, hongos, deformación de hojas, plantas marchitas o presencia de áreas o puntos oscuros en las hojas y los tallos.

Octavo, habla con tus plantas. No, no es broma. Aunque ningún estudio científico confirma de manera oficial el efecto que el ruido puede tener sobre las plantas, lo cierto es que hablar con cualquier ser vivo que no comparta nuestro lenguaje humano, entiéndase por ello animales o plantas, o hablar con nosotros mismos, es una forma que los seres humanos tenemos de poder orden a nuestros pensamientos y conseguir un poco de estabilidad y paz mental dentro del caos.

Hablar con las plantas es importante no tanto por el efecto que tu voz va a tener sobre los cultivos, sino por el efecto que expresar tus emociones y pensamientos en voz alta va a tener en ti mismo. Para poder cuidar a otro ser vivo de manera exitosa la persona que quiere lograr tal objetivo nunca debe de olvidar cuidarse primero a sí mismo. Hablar en voz alta es una manera de analizar nuestro interior y nuestro entorno, compartir esta experiencia con una planta o con una mascota hará que no nos sintamos solos.

Lidiando con las pestes

Sin importar que tan cuidadosos seamos es probable que las pestes aparezcan en nuestro cultivo. El que nuestras plantas tengan una peste no dice nada de nuestro nivel de cuidado e higiene, puesto que esa circunstancia es muy habitual. Lo que si va a hablar de nuestro desempeño como agricultores es si somos capaces o no de contener cualquier tipo de peste que se interponga en nuestro camino.

Una manera cómoda y sencilla de mantener las plagas al margen es comprar un pesticida en alguna tienda especializada. Al hacerlo nuestro trabajo se limita a cumplir las instrucciones que vienen en el empaque y listo. Es una opción y nunca debemos de descartarla, sobre todo, hemos de cuidar que el pesticida sea de origen orgánico, incluso podremos comprar pesticidas caseros elaborados por otros pequeños agricultores que buscan obtener ingresos extras por su trabajo.

En caso dado que queramos ser nosotros los que mediante nuestro trabajo y esfuerzo directo plantemos cara a cualquier peste o plaga que se nos atraviese, hay maneras en que podemos hacerlo. La primera es sembrar plantas tales como menta, albahaca, citronela y romero en nuestro huerto interior, las cuales son repelentes naturales contra las plagas, además de ser sazonadores estupendos.

Otra forma es colocar agua de ajo, lavanda o cilantro directamente sobre las plantas, también podemos colocar hojas de tomate, cáscara de huevo o aceite vegetal. Todo eso mantendrá a los insectos alejados de nuestras plantas. La otra manera de lograr contener las plagas es, con nuestras manos enguantadas, retirar los insectos que encontremos.

Hay que recordar que todo buen fruto se obtiene de una buena tierra y para que la tierra de nuestras plantaciones sea la adecuada hay que vigilar que tenga todos los nutrientes necesarios. Para ello es necesario practicar la rotación de cultivos para mantener a raya a cualquier peste.

Ahora, ¿cuáles son las plagas más comunes que pueden infestar tus plantas? Tal vez pienses que por estar en el interior tu huerto no es susceptible de contagiarse de plagas. Sin embargo, por más limpio que tengas tu espacio en tu casa, las plantas atraen a animales. Y esto no es necesariamente algo malo, es parte del ciclo de la vida.

Lo preocupante comienza cuando la cantidad y la clase de animales que habitan nuestro huerto se vuelve un problema por la clase de estragos que provocan en las hortalizas. Ejemplo de este tipo de malestar son:

- Pulgones: aquí te tengo una noticia un poco preocupante, existen más de doscientas especies de esta clase de animales que son considerados una plaga. Los colores característicos de estos bichos son verde, blanco, rojo o negro. Les encanta alimentarse de la savia de las plantas como lechuga, jitomate, coliflor, espinaca y chile, aquí se pueden presentar dos problemas, uno que sin savia la planta es susceptible de enfermedades y la otra es que los pulgones pueden transferir enfermedades a los frutos de las plantas.

- A todo el mundo le encantan las mariposas, pero no a muchos les gustan las larvas, ya sean estas de mariposas o de palomillas negras. Acostumbran a masticar las hojas del brócoli y la coliflor. Nunca hay que desestimar el daño que puede provocar al bienestar general de la planta el que las hojas no estén en un buen estado.
- La mosca vida al igual que los pulgones se alimenta de la savia de las plantas, lo cual afecta severamente la productividad de las plantas, no solo puede verse afectado el desarrollo de los frutos sino también la vida de la planta en general. Se encuentran en las hojas de los tomates, pepinos y calabazas.
- El minador de las hojas es una especie particular de larga, que tiene una forma bastante peculiar, pues su forma alargada blanca crea caminos a través de las hojas. Esto además de generar un efecto negativo en el índole estético de las plantas, también genera un problema en la fotosíntesis de las mismas. Recordemos que sin fotosíntesis no hay vida.
- Los chapulines son insectos muy lindos, que saltan de un sitio a otro, uno o dos en nuestro jardín pueden alegrarnos con su sonido, pero una cantidad excesiva pueden comerse plantas completas.

- Como hemos podido notar el alimento favorito de muchas plagas es la savia de las plantas y la araña roja no es una excepción. Si descubrimos que alguna o varias de nuestras plantas tiene arañas rojas lo mejor es deshacernos de las mismas, triste pero cierto. La araña roja es selectiva y escoge a los tomates, la fresa, la calabaza, maíz, chile, melón y patatas.
- Los trips son una de las plagas más difíciles de identificar y esto se debe a su tamaño tan diminuto, el cual es de un poco más de un milímetro y un poco menos de tres milímetros. Adivina de qué les gusta alimentarse, ¡de la savia!

¿Qué es la rotación de cultivos? Bueno, en términos generales, consiste en cambiar las plantas que se siembran por ciclos determinados en el mismo lugar. Hay frutas y verduras que son más propensas a crecer mejor en algunos meses que en otros, de hecho algunas de ellas tienden a crecer únicamente en cierto período del año.

Sembrando únicamente frutas y verduras de temporadas estaremos generando una rotación de cultivo adecuada para mantener los nutrientes de nuestro suelo. En caso dado de que queramos sembrar hortalizas que pueden crecer en cualquier época del año es importante no volver a sembrar la misma semilla del producto que acabamos de cosechar.

A continuación encontrarás un calendario de frutas y verduras ideales para ser sembradas en cada mes del año y una lista de las hortalizas que son tan nobles que crecen en cualquier momento que te decidas a sembrarlas.

Hortalizas que puedes sembrar durante todo el año: acelga, lechuga, rábano, espinaca, zanahoria y perejil.

- Enero, febrero: aguacate, kiwi, limón, mandarina, mango, manzana, naranja, papaya, pera, piña, plátano, melón y tomate. Apio, brócoli, calabaza, cebolla, coliflor, hinojo, jengibre y remolacha.
- Marzo, abril: fresas y champiñón.
- Mayo: cereza, patatas y guisantes.
- Junio y julio: arándano, frambuesa y grosella. Pepino.
- Agosto y septiembre: ciruela, moras, pera, sandía y uvas. Pimiento.
- Octubre, noviembre y diciembre: Brócoli.

Lidiando con moho

A nadie nos gusta el moho, pero al moho le gusta estar en todas partes donde las condiciones son propicias para su desarrollo. Por desgracia, la combinación del calor y humedad de las plantas del interior hacen de estas un lugar idóneo para que el hongo aparezca.

Primero hay que observar y detectar inmediatamente la aparición de moho, este puede surgir por fuera del recipiente donde tengamos nuestra cosecha, en la tierra, en las ramas o en las hojas de las plantas. Si es la primera opción habrá que cambiar de recipiente; si es la segunda habrá que retirar la tierra contaminada; en caso de suceder la tercera opción se debe de podar la rama contaminada; si es la tercera bastará con retirar el hongo por medio de una tela de algodón húmeda.

¿Así de sencillo? Así de sencillo. Otros trucos consisten en diluir una taza de leche entera en tres tazas de agua y rociar a las plantas con dicha mezcla. Otro secreto para lidiar con los hongos es verter la mitad de una cucharada pequeña de bicarbonato, canela o vinagre de manzana sobre la tierra de la planta.

El hongo aparece por falta de aire y aumento de humedad, por lo cual bastará con asegurarnos de que nuestras plantas reciben el aire suficiente y la cantidad adecuada de agua para sobrevivir.

Protegiendo tus plantas de las mascotas

El título de este subtítulo también podría llamarse "protegiendo a tus mascotas de las plantas", pues así como las plantas pueden sufrir ataques por parte de nuestras mascotas, estas también pueden resultar envenenadas a causa de aquellas. La relación entre plantas y mascotas es una relación complicada que no debe de tomarse a la ligera.

El primer paso para proteger a nuestras plantas de nuestras mascotas es haber entrenado a nuestros animales domésticos apropiadamente, eso significa que nuestras mascotas han aprendido acerca de límites, acerca de lo que pueden y no pueden hacer, saben diferenciar qué conducta les aportará una recompensa y qué conducta conlleva un castigo o un regaño.

De todas maneras, todos aquellos que tienen mascotas saben que su comportamiento a veces se sale de los cánones aceptados por diversos factores, tales como curiosidad, estrés o simple azar.

Entonces, ¿cómo evitar que nuestras mascotas jueguen, muerden, arranquen o destrocen nuestras plantas? Teniendo en cuenta de que habrá momentos de que los animales se queden solos en la casa y las plantas quedarán a merced de ellos, sin nadie que les llame la atención, es muy importante resolver este punto.

1. Cuidar la alimentación de nuestras mascotas. En muchas ocasiones los animales buscan en las plantas las vitaminas que hace falta en su dieta.
2. Cuidar que las mascotas no se aburren, pues muchas veces hacen destrozos únicamente porque no tienen nada más que hacer. Es importante pasar más tiempo con ellos y dejarles juguetes con los cuales se puedan entretener cuando los dueños están lejos de casa.
3. Cuidar que las mascotas no sufran de ansiedad. Al igual que a los humanos, un cambio brusco en la alimentación o en el entorno pueden afectar el humor de las mascotas. Por lo cual es importante cuidar la estabilidad emocional de las mascotas por medio de amor y atención.
4. Cuidar que la altura de las plantas no sea accesible para las mascotas. Esto es más difícil de lograr cuando se tiene gatos en casa, pues estos animales son capaces de saltar grandes distancias.
5. Aromatizar a las plantas con limón o vinagre. Realizar esta operación es muy sencilla, basta con un tercio de taza de jugo de limón o vinagre diluida en dos tazas de agua para crear esta fórmula, la cual después va a hacer rociada directo en las plantas.
6. Refuerza, cada vez que tengas oportunidad, lo negativo de los actos de la mascota cuando

atenten contra las plantas. Cada vez que hagan un destrozo, hay que pronunciar un alto y rotundo "No". Los animales son seres inteligentes que son capaces de comprender aquello que no deben de hacer si se les repite las veces suficientes.

A continuación una lista de aquellas plantas que son tóxicas y que, por ningún motivo, deben de ser cultivadas en el interior de nuestro hogar cuando en el mismo haya mascotas, pues su vida puede peligrar. Algunos nombres aquí puede que no nos resulten ni siquiera conocidos, pero más vale prevenir que lamentar.

- Ilex aquifolium
- Nerium oleander
- Amaryllis belladona
- Caladium hortulanum
- Cyclamen
- Clivia miniata
- Monstera deliciosa
- Codiaeum variegatum
- Dieffenbachia
- Spathiphyllum
- Philodendron
- Euphorbia pulcherrima
- Hedera hélix
- Hydrangea macrophylla
- Ipomoea
- Convolulus arvensis
- Hyacinthus orientalis
- Iris. Iris foetidissima
- Viscum album

- Narcissus pseudonarcissus
- Epipremnum aureum
- Rhaphidophora
- Ricinus communis
- Rhododendron ferrugineum
- Taxus baccata
- Tulipán

Cosechando y replantando

¡Vaya si ha sido un trabajo arduo llegar hasta aquí! Hemos descubierto muchas cosas para poder crear nuestro huerto interior. En caso dado de haber emprendido este proyecto conforme íbamos leyendo hemos ya evaluado nuestro espacio, hemos creado nuestros primeros contenedores donde ya hemos sembrado nuestras plantas y comenzamos a cuidar de las mismas.

En caso de que estemos pensando en iniciar nuestro huerto hasta finalizar toda la lectura de este libro, hemos recorrido pasajes enteros sobre todo el trabajo que involucra adentrarnos en el mundo de la agricultura a pequeña escala.

Sea cual sea el escenario en donde nos encontremos situados este apartado va a ser uno de nuestros favoritos, pues aquí voy a relatar cómo cosechar el fruto de nuestro esfuerzo y cómo obtener deliciosos alimentos que poder llevar de nuestro huerto particular a nuestra mesa.

Cosechar, al igual que sembrar y cuidar de una planta, es un arte que requiere de la teoría y la práctica, pues debemos recoger las hortalizas cuando estén en su punto. Cuando las hortalizas ya están maduras el fruto será delicioso y sus nutrientes estarán en su mayor nivel.

Cada hortaliza tiene un tiempo de maduración diferente, pero todas coinciden en que los aspectos a observar son su color, su textura y su tamaño. El color debe de ser un color nítido, es decir, fuerte. Mientras que su textura tiene que ser firme a la vez que suave. Su tamaño, en cambio, es un factor sumamente variable, pues habrá algunos frutos que tengan el color adecuado, la textura adecuada, pero no alcancen el tamaño pronosticado.

Algunos otros signos de madurez que comparten todas las hortalizas son:

- La planta comienza a inclinarse hacia abajo.
- El aroma fresco de los frutos.
- Color uniforme.
- Las hojas se doblan.

Un buen agricultor se forma a partir de la experiencia, entre más pase el tiempo y más nos dediquemos a sembrar y a cosechar nuestras propias hortalizas será cada vez más sencillo identificar cuándo los productos están listos para su consumo.

TRES
HUERTO URBANO EN EXTERIORES

¡El capítulo dos ha sido un capítulo muy largo, pero sin duda alguna hemos aprendido muchísimo de él! Tanto que muchas de las bases necesarias para construir, sembrar, cuidar y mantener un huerto urbano en exteriores ya las aprendimos al saber cómo construir, sembrar, cuidar y cosechar un huerto en el interior de nuestros hogares.

Tal vez dudes de mi aseveración anterior, ¡si el interior de una casa es muy diferente al exterior, ¿cómo va a hacer lo mismo?! Bueno, tanto afuera como adentro podemos cultivar en contenedores, además de que el cuidado de la tierra, el mantenimiento que ocupan las plantas, y las probables pestes y hongos son los mismos en el interior como en el exterior.

¿Qué es un huerto urbano en el exterior? Como su nombre lo indica es el espacio destinado al cultivo, en pequeña escala, de hortalizas tanto en terrazas, balcones, jardines o patios. Al igual que su homónimo el cultivo en el exterior se puede realizar en cualquier sitio sin importar el tamaño de este, puede ser desde un lugar de un metro cuadrado hasta una parcela de cinco metros cuadrados.

Una de las grandes ventajas que tienen los huertos urbanos, además de todas las que ya han sido mencionadas con anterioridad, es su gran capacidad de adaptación. A partir del uso de camas elevadas, jardineras, jardines verticales y macetas es casi posible sembrar en cualquier sitio.

Tal vez si vives en un sitio pequeño te hayas llegado a desanimar un poco pensando que no te convence la idea de tener tu huerto en el interior de tu hogar, y crees que por el limitado espacio que tienes en la parte de afuera de tu casa un huerto exterior tampoco es una iniciativa viable. Déjame decirte que estás equivocado.

En el arte de los huertos urbanos no es necesario tener mucho espacio para lograr tener éxito y hacer de esta tarea una actividad productiva, que repercuta significativamente en nuestra autoestima, en nuestro bolsillo y en nuestra alimentación. De acuerdo con datos de la FAO, siglas que hacen referencia a la Organización de las Naciones Unidas para la Alimentación y la Agricultura, un solo metro cuadrado de plantación puede brindar cerca de 20 kilogramos de productos al año. (Rosique, 2017).

¡20 kilogramos en un metro cuadrado! Si queremos hacer una actividad a pequeña escala, como una forma recreativa de ocio, ayudar al medio ambiente y sentir la satisfacción de comer aquello que nosotros mismos sembramos, 20 kilos de comida al año provenientes de nuestro jardín no suenan nada mal.

Conocer cómo crear las condiciones propicias en el interior para sembrar y hacer crecer un cultivo, nos ha provisto de las herramientas necesarias para hacer lo mismo en el exterior, con la ventaja de que en el exterior tenemos de manera natural todo lo que necesitamos para comenzar.

Cómo evaluar tu espacio

¿Qué espacio del exterior de tu casa te gustaría que

luciera verde, fuese un lugar fresco y su olor fuera delicioso? Ese lugar que acaba de venir a tu mente para contestar esta pregunta inicial es en donde debes instalar tu huerto.

En caso dado de que realmente no tengas ningún espacio disponible en el exterior de tu domicilio, cosa que me es muy difícil de creer y lo será para ti también en cuanto lleguemos al apartado de macetas colgantes, otra opción es buscar un sitio comunitario donde poder desarrollar tu proyecto. Esto es factible en caso de que vivamos en un condominio o un coto privado de casas.

Hay cuatro factores sumamente importantes a tomar en cuenta para dar con el sitio indicado, estos son:

- El viento.
- La cercanía al agua.
- La exposición al sol.
- La accesibilidad.

El viento
Para todo ser humano es agradable una brisa refrescante, por lo cual el espacio que se asigne al huerto debe estar provisto de brisas frescas, pero cuidando que el viento no azote tan fuerte que pueda dañar el tallo de las plantas.

La cercanía al agua
Podríamos pensar que lo más cómodo sería colocar nuestro huerto en un sitio donde las gotas de lluvia cayeran directamente, o cerca de alguna fuente de este preciado líquido, sino es que al lado mismo de la manguera. Aunque es una idea tentadora no es la mejor decisión que podemos tomar a largo plazo, pues cualquiera de esas ubicaciones tiene la particularidad de poner generar una sobre hidratación en nuestro cultivo.

Es igual importante proveer a nuestras plantas del agua necesaria como cuidar de no excedernos en la cantidad que se les asigne. Como toda en la vida es una cuestión de equilibrio y de identidad. Un cactus no necesita la misma cantidad de agua que un helecho, de igual manera los tomates requieren más agua que los guisantes.

Debemos elegir un sitio donde sea fácil hacer llevar el agua a nuestras plantas, pero evitando que la lluvia pueda, en un momento determinado, ahogar los cultivos.

La exposición al sol

Al igual que el agua, el astro sol es uno de nuestros grandes aliados, pero si no sabemos negociar con él puede convertirse en uno de nuestros mayores enemigos. El sol nutre los alimentos, pero también es capaz de secar las semillas evitando que crezcan, quemar los primeros tallos o evitar que los frutos crezcan adecuadamente durante la época de cosecha.

En el capítulo Dos ya hemos leído una clasificación de las hortalizas de acuerdo a su nivel de requerimiento de sol. Es bueno recordar que aquellas hortalizas que se clasifican como "exposición completa al sol" significa que ocupan de 4 a 6 horas de rayos de sol directos; las que se etiquetan como "sombra parcial" de 2 a 4 horas; por último, aquellas que reciben el rótulo de "sombra" les basta con 1 a 2 horas.

Plantas que requieren una exposición completa al sol: ajo, alcachofa, brócoli, calabacín, cebolla, fresa, judías, pepino, jitomate y perejil.

Plantas que requieren sombra parcial: escarola, guisante, haba, patata, puerro y berenjena.

Plantas que requieren sombra: acelga, apio, col, coliflor, espinaca, lechuga, puerro y rábano.

Otro dato importante a tener en cuenta son los puntos

cardinales y la forma en que estos influyen en el espacio. Las plantas que necesiten de más luz solas deben de orientarse hacia el sur, por lo cual las plantas más altas deben de ubicarse hacia el norte, esto con la finalidad de no ejerzan una sombra constante sobre las plantas más pequeñas, lo cual evitaría que estas últimas reciban la cantidad suficiente de luz para desarrollarse de manera adecuada.

Aquí es bueno señalar que conforme vaya aumentando nuestro conocimiento sobre cultivos y hortalizas, iremos aprendiendo las características de cada género de planta. Un cactus será feliz con mucho sol y poca agua, por ejemplo, pero una lechuga pecera ante las mismas circunstancias.

En un principio deberás recurrir una y otra y otra vez a la información que te proporciono en este libro para saber qué hacer, conforme el tiempo pase y entre más leas este libro, irás recopilando todos estos datos en tu mente.

La accesibilidad
Colocar nuestro huerto exterior en el techo de nuestra casa no es una buena idea. Hablo en serio, cualquier lugar de difícil o complicado acceso debe de ser evitado, o se debe de buscar la forma de hacer que el ingreso a él sea sencillo y rápido.

Cuidar de un huerto no es una tarea sumamente demandante, pero sí requiere de disciplina y compromiso. Debemos de visitar y cuidar a nuestras plantas diariamente, debemos de regarlas, retirar la maleza, cambiarlas de posición, cuidar que no salga moho y que las plagas infestan los cultivos.

Habrá ocasiones en las que tengamos tiempo suficiente para hacer toda la lista de actividades, anteriormente citadas, con calma y paciencia, incluso podremos dedicar horas a dicho ejercicio. Sin embargo, también habrá días en que apenas y podamos acudir a nuestro huerto por unos cuantos minutos a solamente cerciorarnos de que no exista ningún problema de carácter urgente.

Por esta última razón es indispensable que nuestro huerto interior, ya sea que se conforme de camas elevadas, contenedores, jardines verticales, macetas colgantes o jardines hidropónicos, esté en un lugar de fácil acceso.

Temporadas y los mejores cultivos para plantar en exteriores

En el Capítulo II proporcione una tabla de qué hortalizas cultivar dependiendo del mes del año en el que nos encontremos. ¿Recuerdas? Fue justo cuando estaba hablando sobre la importancia de la rotación de cultivos para mantener un buen nivel de nutrientes en el suelo, además de evitar que aparezcan plagas.

Aunque dicha tabla es importante, tanto que voy a volver a utilizarla, también es importante ser honestos con nosotros mismos y nuestro nivel de experiencia y de disposición. ¿Cuánto tiempo estamos dispuestos a invertir? ¿Cuál es nuestro grado de paciencia? ¿Cuál es el grado de dificultad al cual nos queremos someter para lograr una buena cosecha?

- Hortalizas que puedes sembrar durante todo el año: acelga, lechuga, rábano, espinaca, zanahoria y perejil.

- Enero, febrero: aguacate, kiwi, limón, mandarina, mango, manzana, naranja, papaya, pera, piña, plátano, melón y tomate. Apio, brócoli, calabaza,, cebolla, coliflor, hinojo, jengibre y remolacha.
- Marzo, abril: fresas y champiñón.
- Mayo: cereza, patatas y guisantes.
- Junio y julio: arándano, frambuesa y grosella. Pepino.
- Agosto y septiembre: ciruela, moras, pera, sandía y uvas. Pimiento.
- Octubre, noviembre y diciembre: Brócoli.

Existen dos maneras exitosas para poder plantar en exteriores, una es sembrar las semillas, la otra es comprar una planta en pleno crecimiento y cerciorarnos de su correcto desarrollo ante nuestro cuidado. La primer técnica se conoce como plantar por semilla, la segunda técnica se conoce como plantar por plantel.

Ambas técnicas son sencillas cuando se conocen, pero para un principiante es preferible comenzar por la técnica de las semillas. No obstante, puede darse la ocasión de que aunque nunca antes lo hayamos hecho queramos empezar nuestro huerto por medio de la técnica de plantel.

Cultivo de hortalizas nivel principiante acorde técnica.

- Por semilla: rábanos, cilantro, cebollín, albahaca, espinaca, lechuga, judías y guisantes.
- Por plantel: berenjena, fresa, tomate y pimiento.

Cultivo de hortalizas nivel principiante acorde a temporada dividido por técnica.

- Por semilla en primavera: albahaca, cilantro, espinaca, lechuga, judías, remolacha y rábanos.
- Por plantel en primavera: tomate, pimiento, fresa y berenjena.
- Por semilla en verano: albahaca, lechuga, tomates, fresas, pimientos y berenjenas.
- Por plantel en verano: judías, remolacha, rábano y maíz.
- Por semilla en otoño: cilantro, espinaca, lechuga, judías, guisantes, habas, acelga, rábano y remolacha.
- Por semilla o por plantel en invierno: lechuga, espinaca, guisante, perejil, rábano, remolacha y acelga.

Como te podrás dar cuenta si eres un novato las verduras verdes no van a faltar en tu mesa en cuanto inicies tu huerto. No olvides practicar la rotación de cultivos, es decir, una vez que coseches lo que has sembrado, siembra algo distinto en el mismo suelo, así este no se va a desgastar.

¿Cuál es la técnica de jardinería adecuada para su espacio?

Existen tantas técnicas como agricultores hay. Esto es así porque la manera sobre dónde sembrar está abierta a la creatividad, siempre y cuando se respete el procedimiento correcto para hacerlo.

En este apartado nos vamos a concentrar en cuatro técnicas diferentes, las cuales podemos efectuar de manera aislada o conjunta, es decir, en nuestro huerto urbano puede haber una sola clase de jardín, puede haber dos, puede haber tres, e incluso puede haber cuatro tipos diferentes de jardines al mismo tiempo.

Jardines de cama elevada (*también conocidos como mesas de cultivo*)

Espacio que ocupa: Es la técnica que requiere de un mayor uso de suelo. De preferencia debe de colocarse en terrazas, patios y jardines.

Inversión monetaria: Los jardines de cama suelen tener costos más altos a los de otras clases de jardines. El total de la inversión puede variar de acuerdo a si el agricultor opta por camas de metal, plástico o madera.

Perfil del agricultor: Personas con capacidad motora limitada o que gusten de un trabajo cómodo.

Características: Mesa de metal, plástico o madera que debe de contar con 25 centímetros de profundidad para garantizar el éxito de los cultivos. Idónea para plantas de gran o pequeño crecimiento.

Ventajas: Comodidad en el sistema de riesgo.

Desventajas: Costo alto dependiendo del material de fabricación. Las mesas de metal y plástico suelen verse afectadas por la situación climática predominante e incluso a exaltar dicho factor. En otras palabras, las mesas de metal y plástico serán más calientes o más frías dependiendo de la temperatura, lo cual puede afectar a la siembra.

Jardines de contenedores

Espacio que ocupa: Dependiendo del tamaño del contenedor se pueden ocupar incluso las esquinas de un lugar o espacios vacíos donde nada más cabría. Los balcones suelen ser un lugar estratégico.

Inversión monetaria: Inversión media a baja. Se pueden ocupar recipientes de plástico.

Perfil del agricultor: Novatos o personas que quieran mantener su actividad como agricultores en un nivel principiante o tener un pasatiempo que no conlleva mucho esfuerzo ni tiempo.

Características: Ideal para plantas que requieren mucho espacio o son de rápido crecimiento. Saber escoger el tamaño adecuado de una maceta dependiendo de la hortaliza es un arte. Las macetas pequeñas sirven para las fresas; las de tamaño mediano funcionan para sembrar lechugas y espinacas; por último, las de tamaño grande son perfectas para pimientos, judías, tomates, guisantes y berenjenas.

Ventajas: Cada producto puede ser sembrado en su propio contenedor.

Desventajas: No se puede automatizar el sistema de riego.

Jardines verticales y colgantes

Espacio que ocupa: Es la solución perfecta para todos aquellos que cuentan con un espacio sumamente reducido para desarrollar sus cultivos. Ideal para balcones o terrazas.

Inversión monetaria: Demasiado ambivalente, puede ser alta o baja dependiendo del estilo y material por el cual se opte.

Perfil del agricultor: Personas que además de buscar tener su propio huerto estén interesados en el sentido estético del mismo. Además de ser personas con una buena condición física, pues el riego y cuidado de las plantas implica mantener los brazos en una posición elevada durante un tiempo considerable.

Características: Los jardines verticales son contenedores alargados y los jardines colgantes son estructuras, con un buen soporte, que cuelgan de las paredes.

Ventajas: Puedes sembrar varios cultivos en un mismo

sitio. Aprovechamiento máximo de espacio. Nivel estético alto. Se adaptan a casi cualquier superficie.

Desventajas: Es ideal solo para plantas de crecimiento y tamaño lento.

Jardines Hidropónicos

Espacio que ocupa: Variable. Dependiendo de la estructura donde sean depositadas las plantas. Los jardines hidropónicos en una estructura vertical suelen ocupar poco espacio.

Inversión monetaria: Dependiendo del material que se elija utilizar, la inversión puede ser baja o alta. Por ejemplo, se gastará poco dinero utilizando envases de plástico modificados, pero se gastará más dinero al comprar y modificar PVC y el costo será mucho mayor si se opta por adquirir bandejas de germinación profesionales. A esto hay que añadir la inversión de comprar fibra de coco y grava.

Perfil del agricultor: Nivel avanzado. La persona que suele optar por esta clase de jardines lleva años practicando la agricultura, tiene tiempo, experiencia y paciencia.

Características: Forma de agricultura sin uso de suelo, las plantas son cultivadas en un espacio donde reciben, por medio de su contacto constante con el agua, los minerales necesarios para su desarrollo. La jardinería hidropónica se basa en la colocación de grava y fibra de coco en el interior del recipiente. La fibra de coco va a cumplir las funciones del suelo, siendo en ella donde se siembren las semillas. Todo lo cual será periódicamente regado con un agua mezclada con nutrientes.

Ventajas: No ocupan tierra.

Desventajas: Cuidado diario obligatorio, pues los nutrientes tienen que ser disueltos periódicamente al agua, de lo contrario, se corre el peligro de que las plantas perezcan.

¿Demasiada información? Soy perfectamente consciente de que un inicio todo esto puede parecer abrumador y demasiado complicado, pero no lo es. Ningún trabajo es imposible de cumplir cuando tenemos toda la información que necesitamos al alcance de nuestra mano y tenemos todas las herramientas imprescindibles.

En el capítulo Cuatro, Cinco, Seis, Siete y Ocho de este libro vamos a hablar más en detalle de los contenedores, de los jardines de camas elevadas, de los jardines de alféizar, de los jardines colgantes y de los jardines de hidroponía. De esa manera vamos a tener un escenario más amplio de las características de cada uno y podemos decidir cuál es el ideal para cada uno de nosotros.

Debo de advertirte que, en cuanto conozcas todas sus ventajas y los resultados que arrojan, entre más te sumerjas al mundo de la agricultura y de los huertos, vas a querer realizar cada una de las técnicas de jardinería que aquí te presento. Ten muy presente esto, porque sobre advertencia no hay engaño.

Plantando

Cuando somos novatos en el mundo de la agricultura es muy sencillo confundir los términos "sembrar" y "plantar", pero ambas cosas no significan lo mismo. Hemos visto anteriormente que existen dos técnicas para iniciar nuestros cultivos, la primera es por medio de las semillas y la segunda es a través de la planta. La primera técnica es más sencilla para los principiantes, la segunda puede ser un poco abrumadora al principio, pero una vez que se domina resulta fácil de ejecutar.

Sembrar significa colocar una semilla en el suelo bajo el procedimiento correcto. Recuerda que tienes que hacer pequeños surcos en el suelo de tres veces el tamaño de la semilla a colocar. Entre semilla y semilla debes de dejar aproximadamente el mismo espacio, es decir, tres veces su tamaño. Si la semilla es muy pequeña puedes usar como guía la profundidad y el largo de tu dedo meñique.

Por el contrario, plantar significa colocar una planta en el suelo. Muchos piensan, erróneamente, que este método es más sencillo que sembrar, puesto que la planta ya creció y solo hace falta colocarla de un lugar a otro. Sin embargo, no es así. Mientras que el trabajo de un agricultor cuando siembra es originar vida a partir de una semilla, el trabajo de un agricultor cuando planta es preservar la vida de una planta que, por el hecho de haber sido cortada, puede morir. Ambas técnicas son un arte y merecen igualmente nuestro respeto.

Una de las ventajas que tiene el procedimiento de plantar frente al de sembrar es que el tiempo que vamos a demorar en recoger nuestra cosecha es menor. No obstante, tenemos la desventaja de que el costo de una planta es mayor que el de una semilla, salvo que encontremos personas solidarias que gustan de regalar un tallo de su planta para los nuevos agricultores.

Otra desventaja de plantar es que algunas plantas no les gusta ser trasladadas de un lugar a otro, esto claro es solo una forma de hablar, lo que significa es que si sus raíces son débiles o están anteriormente comprometidas, la planta no va a prosperar. Esto puede ser corregido con cuidados intensivos por parte del agricultor. Algunas veces tendremos éxito y nos vamos a sentir bien con nosotros mismos. Otras veces vamos a fracasar y debemos de aprender de nuestros errores y aceptar que perder es parte intrínseca de cualquier profesión.

Cómo elegir el día

Si está cayendo una tormenta es seguro que no es un buen día para plantar. No, no es broma. Bueno, un poco. Lo que quiero señalar con esto es que saber elegir el mejor día para plantar es en parte una ciencia de sentido común. El día ideal es aquel con cielos despejados, una temperatura agradable y, sobre todo, aquel día en donde nosotros estemos de buen humor, puesto que el trabajo de plantar requiere de tiempo y esfuerzo.

Muchos agricultores se basan en las fases de la luna para llevar a cabo su calendario de plantación. Si bien no hay evidencia científica que respalde esta decisión, muchos agricultores consideran que así como la luna controla las mareas también controla el suelo donde crecen las plantas.

Los días de luna nueva son los favoritos para plantar de raíz, retirar hojas y botones marchitos y limpiar el huerto de la maleza. También se aconseja disminuir, más no prescindir del riego.

Los días de luna de cuarto creciente se consideran perfectos para plantar hortalizas que den frutos por arriba del suelo. Por otro lado, en la luna llena es cuando conviene recoger la cosecha. Por último, los días de cuarto menguante se consideran los más aptos para plantar hortalizas cuyos frutos crecen bajo la tierra.

El seguir un calendario lunar para plantar no involucra que tengamos que realizar esta actividad de noche. Recordemos que la luna siempre está ahí, solo que únicamente la vemos mejor durante la noche por la rotación de la Tierra. Guiarse por un calendario lunar significa poder plantar durante todo el día que hay luna de cuarto creciente las hortalizas más convenientes.

Cómo prepararse

Primero que nada, para prepararse apropiadamente para plantar debe de prepararse no solo el suelo que va a recibir las plantas, sino también la persona que va a realizar la operación.

Estar nosotros preparados involucra estar seguros de que ese día en particular tendremos tiempo suficiente para dedicarnos a nuestro huerto. Plantar no es una actividad que pueda realizarse en pocos minutos o que pueda dejarse a medias y después retomar, dependiendo de la cantidad de plantas y las condiciones del lugar implica mínimo una hora de dedicación.

Segundo, para poder iniciar a plantar tenemos que estar de buen humor. Esto no se debe al hecho que muchas personas afirman como cierto que dice que las plantas sienten las emociones humanas. No. Tenemos que estar de buen humor porque durante el proceso de plantar hortalizas van a suceder, tarde que temprano, contratiempos e imprevistos que dificulten la misión. Si nuestro carácter y ánimo no es el mejor, vamos a ser más propensos a la ansiedad, el estrés e incluso el enojo, todas estas emociones negativas harán más complicado el poder solucionar los problemas que se nos presenten, puede incluso que nos quedemos con tan mal recuerdo de la actividad que no queramos volver a hacerla.

Tercero, debemos de contar con todas las herramientas necesarias a la mano para que el trabajo fluya de forma continua.

Por otro lado, debemos de preparar el suelo para poder plantar. Hay que recordar que la tierra es no es otra cosa que una mezcla heterogénea de aire, agua, minerales y materia orgánica. Parte del trabajo está ya hecho porque toda la tierra, sin importar dónde esté, cuanta con estos cuatro ingredientes, sin embargo, la presencia de tales elementos puede variar a tal nivel que favorezca o dificulte la cosecha.

Lo primero que hay que hacer es identificar el tipo de tierra en el que vamos a trabajar. Existen dos tipos de tierra, la primera es la tierra arenosa y la segunda es la tierra de arcilla. Únicamente con el tacto sabemos con qué tipo de tierra estamos lidiando. La tierra arenosa es sumamente ligera, cuenta con una textura rasposa y diminutos pedazos de piedra triturados en ella. La tierra de arcilla, en cambio, es muy fina y al entrar en contacto con el agua se convierte en barro.

La tierra arenosa es perfecta para aquellas plantas que requieren de un gran nivel de oxigenación, pero no es muy buena idea plantar hortalizas que ocupan un alto nivel de humedad, puesto que esta tierra no se los puede proporcionar. La tierra de arcilla es perfecta para las plantas que requieren de un gran nivel de hidratación. Contrario a lo que se piensa lo no se tiene que trabajar exclusivamente con un tipo de tierra sino se quiere, sino que se puede hacer un suelo que combine ambas. Sin importar en cuál tierra se trabaje, el suelo tiene que ser un buen suelo.

Un buen suelo está libre de malas hierbas y de una cantidad excesiva de animales. Recalco el hecho de que no haya excesivos animales, porque estos siempre van a estar presentes, es imposible liberarnos de todos, siempre va a ver un gusanito, una hormiga, una catarata, un grillo, etc., lo primordial es cuidar que la cantidad no sea tan excesiva que ponga en riesgo nuestros cultivos.

Sin importar si plantamos directamente en el suelo o en contenedores, macetas, camas elevadas o jardines verticales la tierra tiene que prepararse por igual. Si es la primera vez que la tierra va a usarse para tales fines tiene que ser removida en su totalidad, pues una tierra compacta es una tierra desprovista de agua y aire. En cambio, si la tierra ya es utilizada para plantar es muy importante vigilar que se celebra una adecuada rotación de cultivo.

Una manera de asegurarnos que la tierra es rica en minerales, y que sus nutrientes están listos para entrar en batalla junto a la naturaleza para hacer que las hortalizas rindan frutos, es colocar nuestra composta. Basta con humedecer la tierra con un día de anticipación, después al día siguiente hacer surcos de más de veinte centímetros de profundidad, colocar la tierra de nuestra composta en esos huecos y después combinar la tierra de la composta junto con la tierra que hemos retirado previamente para elaborar los surcos.

En caso dado de que optemos por no hacer composta casera, podemos comprar abono en tiendas especializadas, lo cual tendrá el mismo efecto.

Una vez realizado este proceso, de preferencia al día siguiente vamos a allanar la tierra, lo vamos a hacer con nuestro cultivador de tres puntas. La tierra tiene que quedar suelta y presentar un aspecto fino y brillante, así podremos estar seguros de haberlo hecho bien.

Cómo separar las plantas

¿Las papas se llevan bien con los tomates? ¿La zanahoria y la cebolla podrán estar juntas? ¿Habrá una buena relación entre las judías y los guisantes? Cuando estamos iniciando en el apasionante mundo de los huertos urbanos es natural que este tipo de dudas surjan, puesto que no estamos completamente seguros acerca de cómo debemos de separar las plantas o, dicho de otra manera, no sabemos cómo debemos de agruparlas. ¿Las verdes con las verdes y las naranjas con las naranjas? ¿Las que crecen tierra arriba van con las que crecen tierra arriba y las que crecen tierra abajo únicamente deben de juntarse con las que crecen tierra abajo?

Nada de eso, las plantas no se agrupan por su color, textura o tamaño, se agrupan por su necesidad de luz y de riego. Las plantas que requieren luz plena van con las que requieren luz plena y las que requieren sombra van con las que requieren sombra. Por otro lado, las plantas que necesitan hidratación extrema van con las que necesitan hidratación extrema y las que necesitan poca agua para sobrevivir van con las que necesitan poca agua para sobrevivir. Así de simple.

Además de basarnos en la necesidad de hidratación de las plantas de igual manera podemos guiarnos por otras diversas y productivas combinaciones tales como:

- Cultivos de crecimiento rápido con cultivos de crecimiento lento.
- Cultivos de raíces profundas con cultivos de raíces superficiales.
- Cultivos de tamaño grande con cultivos de tamaño pequeño.
- Cultivos de plantas aromáticas con hortalizas, de esa forma estaremos combinando de manera natural a las plagas.

Para facilitar un poco tu trabajo a continuación enlistaré algunas combinaciones de hortalizas que pueden ser sembradas en el mismo jardín. Recuerda que este problema puede ser también resuelto al optar por un jardín exclusivamente de macetas, puesto que así podrás cultivar cada hortaliza en su propio contenedor.

- Combinación uno de raíces: zanahoria, cebolla, remolacha y rábanos.

- Combinación dos de ensalada: lechuga, espinaca y guisantes.
- Combinación tres de pimientos: pimientos de todos los colores, albahaca y perejil.
- Combinación cuatro: tomate y ajo.
- Combinación cinco: zanahoria, espinaca, cebollas y pimientos.
- Combinación seis: lechuga y judías.
- Combinación siete: acelga y perejil.
- Combinación ocho: tomate, albahaca y pimientos.
- Combinación nueve: cilantro y cualquier hortaliza.
- Combinación diez: sandía, calabazas y pepinos.
- Combinación onceava: orégano y cualquier hortaliza.
- Combinación doceava: coliflor y brócoli.

Watering

Antes que empieces a leer esta sección del libro con preocupación acerca de qué es el watering y sobre si serás capaz de hacerlo de la manera adecuada, tal vez porque es la primera vez que escuchas tal término, déjame decirte que no tienes nada de qué preocuparte. Cuando hablo de watering hablo de riego y regar nuestras plantas significa suministrar el agua necesaria para sobrevivir y florecer.

Entonces, ¿por qué ocupo el término "watering" en lugar del término de "riego"? ¿Por qué no? Como el buen agricultor que sé que te vas a convertir es momento en que comiences a utilizar el vocabulario pertinente a cada aspecto de la agricultura a pequeña escala, como propietario de tu propio huerto urbano debes de saber que cuando quieras incrementar tus conocimientos es más factible conseguir información útil buscando el término "watering" que el término "riego".

Son tres cuestiones principales que abordaremos en esta sección: cuánta agua requieren nuestras hortalizas, cada que tanto requieren esa cantidad, cómo necesitan que esa agua se les sea suministrada y cuáles son las herramientas que vamos a utilizar para ejecutar la tarea.

Cuánto y cada cuánto

Resolver esta cuestión depende de varios factores. Por un lado tenemos que tener en cuanto el tipo de cultivo, la época del año en que nos encontremos, la clase de tierra que estemos utilizando y el clima.

Necesidades de riego de diversas hortalizas:

- Poco riego (Un litro): orégano, tomillo, romero, ajo, cebolla y lenteja.
- Medio riego (Litro y medio): tomates, guisantes y pepino.
- Riego alto (Dos litros): calabazas, alcachofas y apio.

Necesidades de riego dependiendo de la estación del año:

- Primavera: una o dos veces al día. La cantidad de riego no debe de ser sumamente cuantiosa, puesto que se celebrará dos veces durante el día, además de preferencia debe de realizarse al atardecer, para evitar que el sol de la mañana evapore toda el agua.
- Verano: dos o tres veces al día. El calor durante

esta época del año es mucho mayor, por lo cual el riego debe de realizarse en una cantidad abundante, sin ahogar las plantas.
- Otoño: Contrario a las dos épocas del año que le preceden, en otoño el calor disminuye y el clima es más propenso a ir a la baja que a la alta. Aquí el riego se debe de celebrar una vez al día al amanecer, pues se corre el riesgo de que si se riega por la tarde o, peor, durante la noche, el agua se congele sobre las plantas, haciendo que estas se quemen por el frío.
- Invierno: Aquí hay que ser más cuidadosos, con regar una vez al día basta y se debe de hacer de forma poco cuantiosa, pues se corre más peligro que en otoño de congelar nuestras plantas por un hidratación exagerada debido al clima que impera.

En caso de vivir en zonas mediterráneas o tropicales donde incluso en invierno hace un calor considerable es nuestra responsabilidad observar y analizar cómo reaccionan nuestras plantas ante este estilo de riego, en caso de ver que necesitan más agua debemos de abastecer.

Cómo

Existen múltiples formas de riego, sin embargo, vamos a manejar únicamente cuatro técnicas que sean accesibles, tanto por su técnica como por su precio.

- Riego con regadera. Es el más básico de todos y consiste en comprar una linda regadera, del diseño de nuestra preferencia y verter agua a nuestras plantas en la cantidad y las veces señaladas.

- Riego con manguera. Aquí tenemos que cerciorarnos de hidratar correctamente el suelo para que las raíces de las plantas también reciban agua.
- Riego por inundación. Una técnica utilizada es crear surcos entre las plantas y después inundar estos. No se recomienda a largo plazo, sino únicamente para aquellos días en que estemos verdaderamente ocupados.
- Riego por aspersión. Aquí hace falta hacer una inversión monetaria para comprar los aspersores. Esto es una buena idea si somos personas que generalmente están muy ocupadas durante todo el día.

Lidiando con maleza

A nadie le gusta la maleza, sin embargo, esta existe y va a estar presente en nuestro huerto urbano, de eso no se puede dudar. Hay un proverbio popular que dicta que la mala hierba nunca muere y si bien esto es verdad, también es cierto que con esfuerzo y dedicación se le puede controlar.

Cómo identificarla

Las malas hierbas son muchas y variadas. Vamos a aprender a diferenciar las más comunes.

- Pamplina: sus flores tienen forma de estrella.
- Enredadera: su tallo tiene la capacidad de girar una y otra vez. Se enredan en los tallos de las hortalizas.
- Decir tonterías. El color naranja es lo que

caracteriza a esta hierba, la más peligrosa de todas, capaz de matar a todas las hortalizas que encuentre a su paso.
- Arrugamiento de malas hierbas: las hierbas que reciben en grupo este nombre son los dientes de león, bardana, onagra y plátano de hoja ancha.

El mejor momento para lidiar con la maleza

El mejor momento para deshacerse de la maleza es antes de que salga a la superficie. No, no bromeo. Por eso en el siguiente segmento vamos a descubrir uno de los consejos más importantes de una autoridad en el tema, hablo de Kevin Jacobs.

Cómo deshacerse de ella

Si antes de comprar este libro buscaste tutoriales en YouTube sobre jardinería y huertos urbanos, lo más seguro es que te hayas topado con uno o con varios de los videos de Kevin Jacobs. Él nos da un útil consejo para deshacernos de la mala hierba de una forma sencilla y económica.

1. Cubre la maleza con papel periódico. No tienes que arrancarla antes, solo cubre la tierra con periódico y deja libre el espacio donde hayas sembrado las semillas que quieres que florezcan, o las plantas que quieres que se desarrollen.
2. Riega con abundante agua.
3. Cubre el papel periódico empapado con seis centímetros de tierra u hojas trituradas.
4. Listo, eso es todo.

El papel periódico no va a afectar a la tierra al contrario, va a impedir que la maleza crezca pues va a detener el crecimiento de sus raíces por su material poroso.

Podar

Podar es una actividad imprescindible para mantener nuestro huerto en condiciones óptimas y que nuestra cosecha sea, además de deliciosa, abundante. En muchas ocasiones las plantas pueden tener un crecimiento no adecuado, que impida que logren desarrollar todo su potencial. La tarea de podar consiste en saber cuáles son aquellos tallos, frutos y follaje que sobran y eliminarlos.

Cada planta requiere de una atención personalizada en cuanto al tema de podar se refiere. Lo que sí comparten en común todas las hortalizas es que deben de ser podadas en verano o primavera, y nunca en otoño o invierno, puesto que los cambios sufridos pueden verse afectados por el frío.

Lo que se busca al podar es mantener el equilibrio entre las hojas, el tallo, el fruto y la flor de cada hortaliza. Con esto se pretende aumentar la producción, mantener a raya a las pestes, permitir que la planta reciba el aire y la luz que necesita.

Aunque el hecho de cortar nuestras plantas puede parecernos violento y puede hacer que nos preocupemos por no estar seguros de qué, dónde y cuánto cortar, todas estas preocupaciones son normales. Conforme vaya avanzando nuestra pericia en el tema, podar será una actividad cada vez más sencilla. Aquí una pequeña guía de lo que tienes qué hacer:

1. Contar con las herramientas necesarias. En este caso son guantes, podadora y el contenedor para los escombros.

2. Verificar que las herramientas estén limpias y en un estado. El acero no puede estar oxidado, ni puede haber restos de tierra o de plantas en ella.
3. Empieza la revisión de la planta de abajo hacia arriba, de igual manera la poda debe de realizarse en este orden, de abajo hacia arriba.
4. Identifica cuáles deben de ser las hojas que lucen diferentes a las demás.
5. Asegúrate de que las hojas que has decidido podar no representen más del 30% del follaje total de la planta.
6. Corta aquellas hojas que veas marchitas, desgastadas, dañadas o mordidas por animales.

Cuidado y mantenimiento

En el Capítulo Dos de este libro ya hemos visto cuáles son los cuidados que requiere mantener un huerto interior. Una buena noticia es que esos mismos pasos se aplican a la perfección al cuidado y mantenimiento de un huerto exterior. Como nunca está de más tomar precauciones extras, aquí una corta pero valiosa lista de consejos:

1. Hidrata correctamente de acuerdo al tipo de planta y la época del año.
2. Poda las plantas para ayudarlas en su proceso de fotosíntesis.
3. Realiza siempre rotación de cultivo en tu huerto.
4. Planta hortalizas que repelen de manera natural a las bacterias y a los hongos.

5. Visita tu huerto, por lo menos, una vez al día para vigilar que todo marche de acuerdo a lo esperado.
6. Habla con tus plantas para despejar tu mente y disminuir tus niveles de estrés.
7. Vigila que no crezca en demasía la maleza. No inicies una batalla infructuosa tratando de erradicar definitivamente a las malas hierbas porque nunca lo vas a lograr, por el contrario, dedica tus esfuerzos a tratar de que la cantidad de malas hierbas que hay en tu huerto no sea un problema.
8. Produce tu propia composta y regularmente viértelo sobre el suelo de tus contenedores, es decir, en todo tu huerto, para ayudar a que la tierra recupere sus nutrientes.
9. Disfruta lo que estás haciendo. Cuidar y mantener un huerto es una práctica que nos debe de retribuir placer y alegría, en el momento en que se transforma en una carga o en una molestia ha perdido todo su propósito.
10. Siempre ten presente por qué estás haciendo lo que estás haciendo. Has decidido iniciar, cuidar y cosechar un huerto urbano para controlar tu alimentación, nutrirte de manera adecuada, apoyar tu economía y ser más amigable con el medio ambiente.

Dos de los aspectos más importantes del cuidado y del mantenimiento de las hortalizas son dos factores de los que casi nadie habla, pero de los cuales todos hacemos uso, estoy hablando acerca del tiempo y la paciencia.

Para lograr tener éxito en nuestra empresa de construir

un jardín necesitamos tener tiempo. Si plantamos una semilla hoy, no podemos esperar a cosechar mañana, van a transcurrir de tres a cuatro meses hasta que el fruto esté maduro. Así es como funciona el factor del tiempo en nuestros jardines.

Por otro lado el factor de la paciencia es igual de importante, gran parte del tiempo que va a transcurrir entre la siembra y la cosecha será bajo tierra. La semilla irá germinando lentamente y el agricultor no podrá verlo, incluso si el agricultor se desesperara y quisiera ver cómo avanza el desarrollo de la semilla, al retirar la tierra echaría a perder todo el trabajo previo. La semilla va a crecer en la oscuridad, alejada de la vista del agricultor y, hasta cierto punto, lejos de su control.

Quien siembra debe de tener paciencia y seguir día con día acudiendo al jardín, cuidando de que todo esté bien, con la esperanza de que un día de ese lugar, donde ahora no ve nada, un día comience a crecer un pequeño brote que va a terminar por convertirse en una planta y que de esa planta un día va a obtener los frutos que desea.

Lidiando con pestes y con moho

Al igual que sucede con las plantas de interior, aquellas que están situadas en el exterior no se libran tampoco de padecer pestes y moho. Mientras que el moho es más habitual en las plantas de interior debido a la humedad y el calor propio de las condiciones de su entorno, en el exterior es más propenso que se desarrollen pestes.

Ya hemos visto que una forma de combatir las pestes en el interior es sembrar plantas que sean repelentes naturales, tales como menta, albahaca, citronela, romero, ajo, lavanda y cilantro. Este método es también muy útil en los huertos exteriores.

Cuando llega el buen tiempo inevitablemente llegan las pestes. Si estas aparecen en nuestro huerto no es motivo para hacernos sentir mal, hay un refrán que dice que a la mejor cocinera se le quema la sopa, bueno, en este caso, el mejor jardinero va a tener pestes en su huerto.

A continuación tendrás una lista de los principales parásitos, hongos, bacterias y virus que pueden asolar tu jardín. Mediante esta relación serás capaz de identificar cada uno de ellos, conocer cuáles son sus características, el modo en que afectan a las hortalizas y, por supuesto, cómo puedes combatirlos.

Parásitos:

- El pulgón es negro o verde y le encanta perforar las hojas y los tallos de las hortalizas para succionar su savia. Es uno de los parásitos más comunes y disfruta de atacar, sobre todo, las plantas de col, patatas, judías, habas y guisantes. Para eliminarlo basta con sembrar hisopo en nuestro huerto.
- La mosca blanca pica las hojas hasta el punto de hacer que estas se desprendan de la planta, lo cual va a dificultar la fotosíntesis. Afectan sobre todo los cultivos de tomates, pimientos, cebolla, judías, zanahorias y col. Para eliminarlas basta con cultivar albahaca y romero.
- La araña roja es la responsable de los puntos amarillos que se encuentran en las plantas atacadas por estos parásitos. Atacan los cultivos de patatas, judías y calabazas. La mejor manera de combatir a este enemigo natural es podar las

plantas que estén comprometidas y limpiar continuamente la maleza de nuestro huerto.
- Los nematodos, igualmente conocidos como el parásito invisible, son gusanos que viven bajo tierra y se alimentan de las raíces de las plantas. Usualmente cuando se identifica su presencia es demasiado tarde pues la planta ha muerto. Existen dos métodos para combatir a estos gusanos, el primero es la rotación de cultivo y el segundo el sembrar o plantar salvia dentro de nuestro huerto, en el mismo lugar donde sembremos o plantemos patatas, cebollas o berenjenas.

Hongos:

- El oídio es el responsable de la capa blanca, de textura parecida al algodón, en forma de estrella, que podemos encontrar en las hojas y en los tallos de las plantas. Esta clase de hongo tiene preferencia por las hortalizas de los pepinos y el melón. Una manera de combatir este hongo es aplicando una infusión de cola de caballo, basta con hervir la planta en agua caliente, esperar que se enfríe y suministrar el líquido en el suelo y directamente sobre la zona afectada.
- El hongo mildiu provoca manchas de colores en las hojas y tallos de las hortalizas, en especial en los tomates, pimientos y patatas. Al igual que su compañero, el hongo oídio, el hongo mildiu se ataque con cola de caballo.
- La negrilla es el hongo más fácil de identificar

pues como su nombre lo indica provoca una capa negra sobre la planta, lo cual dificulta la fotosíntesis y si bien es difícil que mate a toda la planta, si disminuye su nivel de producción. Es más susceptible de aparecer en las hortalizas de papas, guisantes, pimientos, cebolla y col. La mejor manera de combatirlo es a través de sembrar o plantar albahaca, romero o hisopo.
- La roya es el hongo que produce pequeñas manchas rojas en las plantas, sobre todo, en las judías y los guisantes. Una manera de repeler su propagación es, al igual que con hongo mildiu y el hongo oídio, una infusión de cola de caballo.

Bacterias:

- Una de las consecuencias más molestas de propagación de las bacterias es, sin duda, la podredumbre blanda. La cual origina la lenta descomposición de los frutos y genera un mal olor que resulta nauseabundo, tiende a atacar a hortalizas tales como la patata y el pimiento. La mejor manera de hacer frente a este problema es la correcta hidratación del huerto y la rotación de cultivos.
- La forma en la que el chancro bacteriano se manifiesta en los frutos es bastante particular, pues crea una figura parecida al ojo humano. Los tomates y los pimientos son los más susceptibles a verse afectados. Para evitar el chancro bacteriano es muy importante realizar una poda correcta, es decir, no recortar más de

lo que se debe o dejar heridas abiertas en la planta.
- El hongo de mancha angular hace que las hojas de las plantas sean acuosas y ataca sobre todo las hojas de los melones, los pepinos y las calabazas. La mejor manera de atacar esta bacteria es cuidar que no haya un exceso de humedad en las hortalizas y retirar, por medio de la poda, las hojas comprometidas por las bacterias.

Virus:

- Los virus del bronceado producen una decoloración en los frutos, como los pepinos y los tomates. Aquí la única manera de hacer frente es la rotación de cultivos.
- El virus del mosaico genera manchas verdes en las hojas de los tomates y el pimiento. Al igual que con el virus del bronceado lo que ayuda mucho a mantener este problema controlado es la rotación de cultivo.
- El virus Y afecta a las patatas, al tomate y al pepino provocando que sus nervios adquieran un color negro. Por desgracia, en caso dado de qué nos percatamos que esto ocurre debemos de eliminar la planta afectada, para evitar que suceda se requiere eliminar la mala hierba y el pulgón.

Protegiendo tus plantas de las mascotas
Este tema ya lo vimos también en el Capítulo Dos, sin

embargo, es más fácil poder controlar que nuestras mascotas destrocen o ataquen nuestro huerto cuando este está en el interior, eso se debe a que podemos siempre estar alertas a cualquier señal de que algo está ocurriendo, ya sea porque lo veamos o un ruido nos lo indique.

Al contrario, un huerto urbano que está en el exterior es un poco más difícil de cuidar de los ataques de animales, pero no es imposible. Sin importar si tenemos mascotas propias o ajenas, que ingresen a nuestro jardín, es posible cuidar nuestras plantas con el mismo cariño que cuidamos a nuestras mascotas. Ambos pueden convivir en un ambiente de paz.

- Poner barreras de rejilla de 40 centímetros de alto.
- Poner barreras de plantas de cactus enfrente de las plantas de hortalizas.
- Proporciona juguetes a tus mascotas con los cuales se puedan entretener. En ocasiones los animales dañan a las plantas porque están aburridos y quieren hacer algo, esto es fácil de evitar si el animal tiene otros medios en los cuales enfocar su atención.
- El olor de la cebolla, la naftalina, la menta, la hierbabuena y el vinagre son repelentes naturales para los animales. No dañan a las plantas ni a los animales y son muy útiles para separar a ambos.
- Otro medio es colocar botellas de agua llenas alrededor de las plantas, al verse los animales reflejados en estos recipientes, sin entender qué sucede, asustados, se van a alejar.

- Mantener siempre humedecida la tierra de los cultivos va a alejar de inmediato a los gatos.

Cosechando y replantando

Hemos llegado al punto favorito de muchos agricultores, el momento de recolectar el fruto de las plantas a las cuales les han dedicado tiempo, energía y esfuerzo. Además de la cosecha, otro punto importante es el de replantar, esto significa pasar las plantas de un suelo a otro, todo agricultor experto sabe que esta es una acción necesaria cuando las hortalizas cumplen un año de vida.

Cómo cosechar

La ciencia común dictamina que los frutos se deben de cosechar, es decir, recoger de las plantas cuando estos están maduros. Si bien esto es cierto para la mayoría de las hortalizas, como todo en la vida existen excepciones.

- Frutos a recoger poco antes de que maduren: pepinos y calabacines.
- Frutos que se recogen tiernos: ajo y cebolla.
- Frutos que se pueden recoger en diversos momentos: lechuga, espinaca y acelgas.

Cómo replantar las plantas

Primero tenemos que identificar los tres motivos por los cuales una planta debe de volverse a plantar. Primero ha dejado de crecer; segundo sus raíces han roto el contenedor en el cual estaba creciendo o se han abierto paso a través de huecos; tercero ha cumplido un año de vida.

¿Qué pasa si las plantas no se plantan en un lugar distinto cada cierto tiempo? Bueno, en el caso de las hortalizas, esta pregunta tiene una respuesta muy sencilla: se mueren. Esto se debe a que una vez que una planta crece, sus raíces necesitan expandirse, si no logran hacerlo, cada vez se van a ver más desprovistas de oxígeno, lo que va a impedir su fotosíntesis y, con ello, su vida. Por este motivo existen dos opciones al momento de replantar, la primera es hacerlo en un contenedor más grande y la segunda es hacerlo directamente en el suelo.

Replantar es todo un arte, ya que la planta no puede seguir viviendo en el mismo lugar donde está, pero el cambiarla de lugar implica un esfuerzo para ella del cual debe de poder sobreponerse con nuestra ayuda y su propio esfuerzo.

A continuación vamos a ver una guía paso a paso sobre cómo llevar a cabo este proceso son éxito:

- Prepara el nuevo lugar donde vayas a depositar la planta. Si es en el suelo tienes que asegurarte que su profundidad será lo suficientemente amplia para recibir a las raíces. Si es en una nueva maceta verifica que su tamaño es tan amplio que permita que las raíces se puedan acomodar sin dificultad y tengan espacio de sobra.
- En el fondo del nuevo contenedor o en el hueco del suelo donde se vaya a colocar la planta se debe de poner antes un kilo de composta.
- Empieza a cavar alrededor de la planta, de tal forma que debes visibles sus raíces. Después tira de ella con suavidad, no debes de cortar las raíces ni maltratarlas.
- Entierra la planta en el orificio que has preparado para ella. Recuerda que solo debes de

enterrar las raíces y un poco del tallo, nunca las hojas de la planta. Ve compactando la tierra alrededor de la planta de manera suave pero sólida.
- Riega un poco la planta en su nuevo hogar y asegúrate de vigilar de cerca durante, al menos, una semana para cerciorarte de que todo marche de acuerdo a lo planeado.

CUATRO
CULTIVANDO EN UN CONTENEDOR

Vaya, el Capítulo Tres ha sido un poco largo, pero realmente espero que te haya parecido de utilidad. A través de él has obtenido la información necesaria para poder comenzar de manera exitosa con tu proyecto. No obstante, en este Capítulo vamos a retomar una técnica específica de un huerto en el exterior, es el procedimiento de cultivar dentro de un contenedor.

Vamos a abordar este Capítulo en tres partes distintas. Primero una ficha descriptiva sobre dimensiones, costo, materiales, herramientas y tipos de cosechas ideales para esta técnica. Segundo las instrucciones, el paso a paso que te va a guiar en esta aventura. Tercero, y por último, los cuidados posteriores para poder llegar a la tan anhelada cosecha.

1. *Las dimensiones aproximadas del proyecto.* En cuanto a las dimensiones de los contenedores hay tres clases principales que son las más útiles, de doce, veinticuatro y treinta y seis pulgadas. En cuanto a las dimensiones dónde

colocar dichos contenedores deben de ser un espacio mínimo de dieciséis, veintiocho o cuarenta pulgadas.

2. *El costo aproximado en euros.* Este factor es sumamente variable. Puedes reciclar botellas de plástico de diversos tamaños, lo cual va a resultar sumamente económico. O puedes optar por comprar contenedores cuyo precio, dependiendo del tamaño, material y marca, pueden ir desde los diez hasta los doscientos euros. A eso debes de agregar el valor de las semillas, las cuales pueden costar, dependiendo de su origen, clase y marca, entre dos a quinientos euros. A todo esto debes de añadir el costo de todos los materiales que se enlistan al principio de este libro que, al igual que todo lo anterior, dependiendo del material y su marca, adquirir todo el equipo puede variar de los cincuenta a los cien euros.

3. *Los materiales.* Puedes fácilmente empezar con un contenedor, un poco de tierra, unas cuantas semillas o una poda de la planta de tu preferencia, un poco de composta y agua. Eso es todo.

4. *Las herramientas.* De forma imprescindible debes de contar con guantes, paleta, cultivador y podadora.

5. *Las cosechas que puedes plantar.* La lista es larga, puedes optar por albahaca, brócoli, coliflor, zanahorias, pepino, ajos, ejotes, col, lechuga, patatas, guisantes, chiles, rábanos, cebolla, espinacas, acelgas y tomates.

Instrucciones

1. Ten en cuenta que muchas personas, alrededor del mundo, cultivan hortalizas dentro de contenedores, así que ten por seguro que si todas estas personas tienen éxito en la actividad y son capaces de disfrutar de la agricultura a pequeña escala, no hay una razón por la cual tú debas de ser la excepción.
2. Escoge bien tus contenedores. Hay plantas que tienen un tamaño pequeño y podrán vivir cómodamente un espacio pequeño, pero tienes que estar seguro de que ese espacio pequeño les va a proveer de todos los nutrientes necesarios para su supervivencia.
3. Compra tus semillas de acuerdo al espacio que dispongas en tus contenedores, tu nivel de agricultor especializado en huertos y la época del año en la cual vas a empezar a sembrar.
4. Asegura un buen drenaje. La mayoría de los contenedores ya vienen con huecos por los cuales puede escapar el agua, asegúrate de colocarlos en un espacio donde no se estanque el agua.
5. Tienes que tener previamente preparada tu composta. Algunas personas optan por comprar sustratos en tiendas especializadas. Es decisión de cada quien, lo seguro es que antes de comenzar tienes que tener uno de los dos.
6. En un recipiente coloca tu sustrato o composta

en el suelo del mismo, después vierte tu tierra previamente combinada con composta.
7. Una vez que tengas tu contenedor preparado abre un hueco de tres veces el tamaño de la semilla que vas a insertar, o de un poco menos del doble de la planta que vas a transportar.
8. Deposita dentro del hueco tu semilla o las raíces de tu planta y ve cubriendo con suavidad pero con firmeza el hoyo con la tierra que anteriormente has removido.
9. Realiza el riego adecuado. En caso de haber sembrado una semilla riega toda la tierra alrededor de la misma. En caso de haber sembrado una planta recuerda proporcionar agua no solo a las hojas y al tallo de la planta, sino también a sus raíces.
10. Ubica tus plantas de acuerdo a su necesidad de luz. Recuerda orientar al sur o al este aquellas hortalizas que demanden una mayor cantidad de tiempo frente al sol.
11. Cuida de tu proyecto y persevera en tu objetivo de cosechar tus propios frutos en tu huerto exterior.

Aquí una relación del tipo de hortalizas y el tamaño adecuado de contenedor para cada una de ellas:

- Brócoli - contenedor de 8 litros.
- Zanahoria - contenedor de 4 litros. Se pueden cultivar de 2 a 3 plantas.
- Pepinos - contenedor de 4 litros, tamaño largo.
- Berenjena - contenedor de 20 litros.
- Ejotes - contenedor de 8 litros.

- Cebolla verde - contenedor de 4 litros. Se pueden cultivar de 3 a 5 plantas, tamaño pequeño.
- Lechuga - contenedor de 4 litros. Se pueden cultivar 2 plantas, tamaño mediano.
- Perejil - contenedor de 4 litros, tamaño pequeño. Se pueden cultivar 3 plantas.
- Pimientos - contenedor de 20 litros, tamaño largo. Se pueden cultivar 2 plantas.
- Rábanos - contenedor de 4 litros, tamaño pequeño. Se pueden cultivar 3 plantas.
- Espinaca - contenedor de 4 litros. Se pueden cultivar 2 plantas.
- Calabaza - contenedor de 20 litros, tamaño largo.
- Tomate - contenedor de 20 litros, tamaño largo.
- Nabo - contenedor de 8 litros. Se pueden cultivar 2 plantas.

Cómo cuidar el proyecto

- Proporciona luz solar. Dependiendo del tipo de cultivo algunas plantas necesitarán mínimo dos horas de luz al día, mientras que otras necesitarán seis horas mínimo de luz de sol.
- Tierra. Utilizar la tierra que se extrae del jardín exterior nunca es una buena idea cuando se usa sola, esta tierra puede ser combinada con composta para recuperar y potenciar sus nutrientes. En caso dado de desear algo más sencillo, podemos optar por asistir a una tienda especializada para comprar tierra para sembrar en contenedores.

- Agua. Ya antes hemos discutido de cuántas veces y a que cantidad regar las plantas. Es importante saber un pequeño truco para los contenedores, basta con sumergir un dedo dentro del contenedor, si la tierra que cubre ese dedo está seca, la planta necesita agua.
- Uso de composta. La tierra de los contenedores suele perder sus nutrientes de manera rápida, pues los está cediendo a la planta para que esta crezca. Al estar dentro de un contenedor la tierra no tiene forma de adquirir nuevos nutrientes, es labor del propietario del huerto suministrar, al menos, una vez al mes, medio kilo de composta a sus macetas o contenedores.

Cómo cosechar

La respuesta más sencilla a la pregunta sobre cuándo cosechar es: cuando los frutos estén listos. Lo que nos lleva a otra pregunta acerca de cómo saber cuándo están listos los frutos. Dependiendo del clima donde tengamos nuestro huerto, del tipo de hortaliza y de los cuidados recibidos será el período de tiempo en que el fruto esté listo.

Sin embargo, hay un tiempo promedio en el cual podemos esperar que llegue la cosecha después de haber sembrado nuestras semillas o plantar nuestras hortalizas.

- Frijoles: hay que esperar de 45 a 65 días después de la siembra.
- Pepinos: hay que esperar de 50 a 70 días después de la siembra.
- Berenjena: hay que esperar de 90 a 120 días después de la siembra.

- Lechuga: hay que esperar de 45 a 60 días después de la siembra.
- Cebollas: hay que esperar de 80 a 100 días después de la siembra.
- Perejil: hay que esperar de 70 a 90 días después de la siembra.
- Pimiento: hay que esperar de 90 a 120 días después de la siembra.
- Rábano: hay que esperar de 20 a 60 días después de la siembra.
- Calabaza: hay que esperar de 50 a 70 días después de la siembra.
- Tomate: hay que esperar de 90 a 130 días después de la siembra.

Como podemos darnos cuenta el tiempo de maduración de cada hortaliza puede varias de 15 a 30 días, tal vez un poco más, tal vez un poco menos. Así que debemos de aprender a identificar cuándo están listas para ser cosechadas antes de cortarlas.

- Textura: los frutos deben de tener una textura firme y suave sin llegar a ser aguada.
- Color: buscamos colores brillantes.
- Olor: el olor característico de cada hortaliza debe de ser reconocible cuando este esté maduro, pero sin llegar a ser demasiado penetrante.

CINCO
JARDÍN DE CAMAS ELEVADAS

El término "jardín de camas elevadas" sin duda alguna puede llegar a ser un poco atemorizante para las personas que apenas se van abriendo campo en el mundo de los huertos. Pero recuerda que toda cosa puede ser tan sencilla o tan complicada como nosotros queramos. No hay ninguna razón para que no podamos hacer lo que queramos si conocemos bien qué tenemos que hacer, cuándo lo tenemos que hacer y cómo lo tenemos que hacer.

Para eso estoy yo aquí para acompañarte en el camino. Así que te parece si empezamos:

Las dimensiones aproximadas del proyecto. Aquí te daré las medidas necesarias para construir un jardín de cama elevada en forma de cuadrado, cuyas dimensiones aproximadas serán de un metro por un metro.

El costo aproximado en euros. Si tenemos experiencia previa en carpintería el proyecto será de un precio más accesible, de lo contrario debemos de tomar en cuenta el costo del trabajo del carpintero, que puede variar entre 300 a 350 euros. A eso hay que añadir el costo de la madera, dependiendo del tipo que escojamos, el precio suele oscilar entre 50 a 200 euros.

Los materiales. Vamos a necesitar una tabla de 2 x 2 x 8, aunada a 3 tablas con las medidas de 2 x 4 x 8, 8 tablas de 2 x 6 x 8 y 2 tablas de 2 x 8. A todo eso hay que añadir 3 cajas de tornillos de 2 y media pulgadas, además de 1 caja de tornillos de 3 pulgadas.

Las herramientas. Si vas a contratar a un carpintero lo más probable (y deseable) es que él cuente con sus propias herramientas, por lo cual tú solo vas a tener que proporcionar el material. De hecho, antes de comprar la madera, debes de contratar al carpintero, pues en muchas ocasiones estos profesionales ya cuentan también con dicho material. En caso de que decidas hacerlo tú, tanto porque sabes cómo hacerlo, o porque quieras adentrarte a la aventura, vas a necesitar una sierra circular, un taladro, pinzas, un cuadro de madera y cinta métrica.

Otro tipo de camas elevadas: Existen los jardines de camas elevadas llamadas hugelkultur, este término hace referencia a las camas elevadas que se sitúan sobre el suelo y que tienen una altura mayor a los 60 centímetros.

La elaboración de las camas elevadas hugelkultur es un poco más sencillo que la elaboración de la estructura de madera con la cual hemos iniciado el capítulo, esto es así porque la cama hugelkultur consiste en colocar sobre la tierra una pila de tronco, hojas o ramas, incluso hay quien utiliza las tres cosas, y compactar por medio de rocas, inclusive sin estas, y colocar encima la tierra y comenzar a sembrar o plantar.

Las cosechas que puedes plantar. Los tubérculos son la mejor opción para este estilo, la zanahoria y las patatas son perfectas, también van bien la lechuga y las espinacas. La clase de hortalizas frutales como los pimientos y los tomates igualmente son amigos de esta técnica, así como el maíz y el trigo.

Instrucciones

1. Escoge un terreno de un metro y medio por un metro y medio en tu jardín. Puede ser incluso mucho más amplio si lo deseas, pero esas son las medidas mínimas recomendadas para un jardín de camas elevadas.
2. Limpia la maleza del terreno.
3. Asegúrate de que dicho terreno esté parejo, es decir que no tenga elevaciones o que tenga partes hundidas en él.
4. Coloca tu mesa de jardín previamente construida, ya sea por ti o por un profesional.
5. Apertura de paréntesis: en caso de querer optar por el sistema hugelkultur, las instrucciones para preparar el sistema cambian a partir del número cuatro. En lugar de colocar la estructura de madera, coloca sobre el suelo troncos, ramas u hojas, arriba de ellas coloca la tierra previamente revuelta con composta y asegúrate de que si bien la estructura sea firme la tierra no se compacte.
6. En caso de optar por el diseño de madera, colocar en este la mezcla de tierra con composta.
7. Comenzar a sembrar o plantar con normalidad.

Cómo cuidar el proyecto

Lo más seguro es que en este momento te estés preguntando cuál es la diferencia entre cualquier otra técnica y la técnica de camas elevadas o hugelkultur. ¿Por qué poner la tierra dentro de madera o porqué colocar sobre troncos, hojas o ramas la tierra es una buena idea? Muy sencillo, por una cuestión de nutrientes.

El suelo de nuestro huerto exterior al ser constantemente usado para sembrar o plantar hortalizas y verlas crecer, corre el riesgo de perder sus minerales y sus nutrientes, por ende, sus propiedades. Esto es fácil de explicar, las semillas y las plantas toman lo que necesitan de la tierra para poder prosperar. El problema es, ¿cómo el suelo vuelve a recargarse minerales y nutrientes? Una buena solución puede ser la composta, pero, ¿no existe una solución natural a más largo plazo que no necesite constantemente la intervención humana? Claro que la hay, esa es tener un jardín de camas elevadas.

Tengo que agregar algo, para elaborar una cama elevada no sólo puedes utilizar troncos, hojas o ramas, de hecho, se puede utilizar cartón, césped, paja, composta o estiércol. Quise guardarme esta información, sobre todo del último componente, porque no muchas personas están abiertas a aceptar este tema: el estiércol es bueno para la tierra.

Prosigamos, una vez que lo que hayamos puesto debajo de nuestra tierra comience a descomponerse va a otorgar nuevos nutrientes al suelo. La ventaja de la cama elevada sobre la composta, es que mientras el efecto de la composta es a corto plazo, el utilizar materiales como madera, cartón, césped, estiércol, ramas o hojas nos va a permitir que estos tarden años en terminar de descomponerse y durante todos esos años van a aportar nutrientes al suelo.

Además de proporcionar nutrientes, las camas elevadas tienen la ventaja de otorgar aire y calor a las raíces de los cultivos. Una cama elevada es una perfecta opción para ti si eres alguien susceptible de olvidar regar las hortalizas con regularidad y más en período de primavera o verano, donde es necesario hacerlo dos o tres veces al día, esto es porque las camas elevadas almacenan el agua y la van liberando poco a poco, esto cuando son construidas a partir de troncos y ramas. No, no es broma.

Si te interesa esta técnica debes de saber que también es una manera de apoyar el medio ambiente, pues la madera vieja o podrida, la que casi nadie quiere y que termina olvidada en los basureros, es perfecta para esta clase de proyectos. La mejor clase de maderas son de manzana, álamo, sauce, abedul y alisos. Evitar, a toda costa, el uso de cedro, algarrobo, cerezo y nogal negro.

Cómo cosechar

En el jardín de camas elevadas se cosecha como en cualquier otra clase de jardín. Ya hemos visto cuál es el mejor tiempo de recoger diversas hortalizas y cuánto tiempo tardan los frutos en estar listos después de haber sido plantados o sembrados. No obstante, aquí una lista de consejos extras sobre cómo cosechar de la mejor manera posible:

- Cosecha cuando estés a punto de consumir los alimentos. Si la producción de tu planta ha sido generosa y no crees poder consumir todo el producto en poco tiempo, recoge la cosecha y guárdala en un lugar fresco donde pueda ser almacenada sin peligro de pudrirse.
- Disfruta cada bocado que des a cualquier fruto de cualquiera de tus hortalizas. Recuerda cuando estés comiendo que no estás comiendo una tomate, una patata, un pimiento o una zanahoria cualquiera, estás comiendo un tomate, una patata, un pimiento o una zanahoria que tú sembraste, cuidaste durante semanas y le dedicaste tiempo y energía.
- No olvides ser generoso con la tierra. Sigue

alimentando tu composta con los restos de los frutos que recojas y no olvides compartir tu cosecha con tus semejantes, pues ser amigable con el medio ambiente no solo implica cultivar plantas, sino también ser amable con el prójimo.
- Recuerda sembrar y cosechar tanta variedad de hortalizas como puedas, para que estas te reporten vitamina A, vitamina B1, vitamina B2, vitamina C, calcio, hierro, magnesio, fósforo, proteínas, carbohidratos y grasas.
- Cada vez que tengas dudas sobre si vale la pena seguir haciendo lo que haces, cuando sientas desánimo, cansancio o desmotivación por cuidar tu huerto urbano, rememora que estás cuidando tu alimentación, estás nutriendo a tu cuerpo, estás produciendo tu propio alimento (hecho por el cual deberías de sentir un tremendo orgullo) y estás logrando un impacto directo y positivo sobre el medio ambiente.
- Antes de finalizar, si todavía sientes temor o inseguridad sobre cómo saber que el fruto está maduro y listo para consumir, aquí un pequeño secreto: jala suavemente el fruto, si se desprende con muchísima facilidad, es que está en su punto y va a saber delicioso. En caso dado de que el fruto esté bajo tierra, tira de él con suavidad, vas a ver cómo la tierra alrededor del cultivo va a abrir paso al producto. ¡Buen provecho!

SEIS
JARDÍN DE ALFÉIZAR

Tal vez iniciaste este libro con toda la actitud de emprender tu propio huerto urbano. Ahora que ya conoces sus dos modalidades, en el interior y en el exterior, puede ser que estés dudando de tener el espacio, el tiempo, la energía y la dedicación necesaria para mantener el proyecto en marcha. El aliento que buscas es este: claro que lo puedes hacer.

Por supuesto que es viable cultivar tus propias hortalizas. Tal vez actualmente vives en un espacio muy pequeño, donde todo está ya ocupado y no ves dónde puedes instalar tu huerto interior. No te rindas, porque enseguida te voy a dar la solución: jardín de alféizar.

Un jardín de alféizar lo puedes colocar en una ventaja de tu hogar, ¡seguro que tienes una ventana libre que puedas utilizar!

Las dimensiones aproximadas del proyecto. Debes de elegir contenedores o macetas pequeñas. Algunas de ellas no deben de ser muy pesadas, pues así serán más útiles para ser colgadas del tubo de soporte de las cortinas. Aconsejo contenedores de menos de 4 litros.

El costo aproximado en euros. Las macetas pequeñas, de menos de 4 litros de capacidad, suelen tener precios módicos, los cuales varían entre los cinco a los veinte euros. En dado caso de querer comprar arneses para sujetar las macetas en el aire, el precio de estos oscila entre los veinte a los sesenta euros. También es importante señalar que existen plataformas diseñadas para este fin de concreto, las cuales dependiendo del material con el cual fueron elaboradas y el tamaño que tengan, su valor va de entre sesenta a ciento veinte euros.

Los materiales. Existe una versión sumamente económica de esta clase de jardín de alféizar, la cual consiste en utilizar envases de plástico cortados a la mitad. Si lo que nos preocupa de esta idea es la cuestión estética, basta con pintar o forrar este tipo de recipientes para que sean más agradables ante la vista. En caso dado de emprender esta modalidad hará falta contar con envases, tierra, composta y, por supuesto, las semillas o las plantas que vamos a cultivar.

Otra manera de desarrollar este jardín, como hemos visto ya en la sección de costo aproximado, es por medio de contenedores. Las macetas pueden colocarse en la cornisa de las ventas o pueden estar suspendidas por medio del tubo de las cortinas, aunque también existe la posibilidad de que se coloquen sobre estructuras de plástico, metal o madera. Todo depende del espacio que tengamos y del presupuesto que queramos usar. En este caso los materiales que ocupamos son macetas o contenedores pequeños, tierra, compuesto e igualmente son imprescindibles las semillas o las plantas que vamos a cultivar.

Las herramientas. Hasta el momento hemos presentado diversas clases de estilo del jardín de alféizar. En cualquiera de ellas vamos a necesitar una paleta de jardín, un contenedor donde elaborar la mezcla de suelo y composta, una manguera o recipiente con el cual regar el cultivo y son opcionales la navaja y las tijeras.

Las cosechas que puedes plantar. Por el tamaño de las macetas lo más adecuado son las zanahorias, los pepinos, la cebolla, la lechuga, el perejil, los rábanos y las espinacas.

Si todavía estás dudando, permíteme recordarte las ventajas que tiene tener una planta en el interior: va a refrescar el aire, va a proveer mayor oxígeno al entorno y vas a ver, en primera fila, cómo crecen las hortalizas que después vas a saborear en tu plato.

Instrucciones

1. Decide qué tipo de jardín vas a querer. Si uno sencillo compuesto por macetas en la cornisa, macetas colgando del alféizar o una estructura para múltiples contenedores en la cornisa.
2. De ser lo primero el método es muy sencillo, comprar las macetas, preparar el suelo con composta, siembra las semillas o coloca las plantas. De ser la segunda opción se necesita tener los arneses ideales y colocar una cuerda resistente. De ser la tercera opción la estructura debe de contener diversas macetas preparadas previamente.
3. Recuerda que ya hemos visto previamente cómo cultivar en un contenedor o maceta. En este caso como debe de ser un contenedor de 4 litros o de menor capacidad, por lo cual necesita cerca de dos litros y medio de suelo mezclado con medio kilo o un kilo de composta. Nunca debe de ocuparse completamente la capacidad

del contenedor, sino que se debe dejar un espacio libre entre la altura del suelo y el borde de la maceta.
4. Posteriormente debe de abrirse dentro del suelo del contenedor un espacio de tres veces el tamaño de la semilla a sembrar, o de la profundidad necesaria para que puedan ingresar las raíces de la planta que se espera plantar.
5. Dentro del hueco se coloca la semilla o la planta. Aquí una nota adicional, la semilla debió de ser previamente hidratada.
6. Se vuelve a cubrir el espacio abierto con el suelo que fue anteriormente removido, este procedimiento debe de hacerse de preferencia con las manos, utilizando guantes. La tierra debe de quedar firme más no compacta para permitir el paso del agua y del aire.
7. Para finalizar se debe de regar el suelo. La cantidad de agua va a variar de acuerdo a si se trata de un contenedor con una semilla, o si se trata de una maceta con una planta trasplantada. En el primer de los casos basta con un cuarto de litro, en el segundo de los casos es necesario medio litro de agua.

Cómo cuidar el proyecto

- Aprovechar al máximo la luz solar. Una de las ventajas de que los contenedores estén situados en la ventaja, es que van a recibir de forma directa los rayos de sol.

- Para evitar que únicamente un lado de la planta sea el que reciba la luz solar que necesita, debes de rotar las macetas continuamente en 180° grados, de esa forma el crecimiento va a darse uniformemente.
- Cada estación de año los rayos de sol varían de duración e intensidad, debes de cambiar la ubicación de las plantas dependiendo de su necesidad de luz.
- Aunque un jardín de alféizar es una excelente forma de tener plantas en el interior, no podemos olvidar que el proceso natural de las plantas es crecer y que, por lo tanto, necesitan ser trasplantadas a un lugar más grande donde puedan seguir su desarrollo. Después de un año es momento de buscar un nuevo hogar para nuestras plantas.

Cómo cosechar

Ya hemos hablado en todos los Capítulos anteriores a este sobre cuándo y cómo cosechar; además hemos obtenido la información necesaria para saber cuándo el producto está maduro. En el Capítulo anterior vimos además unos consejos sobre qué hacer con la cosecha.

Saber cosechar en un jardín de alféizar no es diferente sobre cosechar en un jardín de camas elevadas, ni en cualquier otra clase de huerto sea de interior o de exterior.

Aquí vamos a ver las ventajas de diversas hortalizas para inspirarnos, aún más, en sembrar, cuidar y cosechar nuestro huerto.

- Ventajas de las hortalizas que aportan Vitamina

A. Son indispensables para la vista y para desarrollar los huesos. Hortalizas de esta clase son la zanahoria, el tomate, la acelga, la lechuga y la espinaca.
- Ventajas de las hortalizas que aportan Vitamina B1. Son buenas para evitar el cansancio y la depresión, de igual manera ayudan a estimular el apetito. Ejemplo de ellas son la cebolla y la coliflor.
- Ventajas de las hortalizas que brindan Vitamina B2. Proporcionan vigor, ayudan al crecimiento y salvaguardan de las enfermedades. La acelga y la patata son una muestra de este tipo.
- La vitamina C da el apoyo necesario al cuerpo para ayudar a la cicatrización y ayuda a formar los huesos y los dientes. Para tal fin es necesario comer repollo y coliflor.
- El calcio ayuda a la formación de los huesos y dientes, además es idóneo para el correcto funcionamiento del sistema nervioso. La cebolla, la zanahoria, la acelga, la lechuga, la espinaca y el brócoli son grandes aliados del calcio.
- El hierro es un ingrediente básico para la sangre, para proporcionar tal mineral en el cuerpo es la acelga, el rábano y la cebolla.
- El magnesio es indispensable para el funcionamiento del corazón y mantener estable el sistema nervioso. Para obtener magnesio basta con comer cebolla, papa y maíz.
- Al igual que el calcio algo indispensable para el fortalecimiento de los huesos es el fósforo, por lo

cual hay que comer tomate, zanahoria, cebolla, brócoli y rábano.
- Para tener energía es necesario comer carbohidratos y grasas que brindan energía, por ejemplo, cebolla y zanahoria.

SIETE
JARDÍN COLGANTE

En este capítulo vamos a ponernos técnicos, es decir, vamos a hablar sobre cómo construir nuestro propio jardín colgante. En el Capítulo anterior sé que te recomendé mejor contratar los servicios de un profesional en carpintería antes de hacer por ti mismo el proyecto, lo cierto es que luego me quedé pensando porqué no habríamos también de incursionar en el mundo de la carpintería.

El proyecto que aquí te voy a presentar es de un nivel principiante, en el cual se van a ocupar los instrumentos más básicos y el material más accesible, el cual podrás comprar en cualquier tienda por un precio módico.

¿A qué te evoca el término de jardines colgantes? Evoca el poder del amor, de la arquitectura y de la inspiración. ¿Esto te parece muy poético? Permíteme que me remonte en la Historia, hacia el año 600 A.C., a un sitio llamado Babilonia. En este lugar mandaba el rey Nabucodonosor II, un hombre recién casado que supo darse cuenta de que su esposa sentía nostalgia de su lugar de nacimiento. De donde la reina era originaria había hermosos y extensos paisajes verdes, lo cual no sucedía en Babilonia.

El rey contrató a sus mejores constructores y les dio una tarea que al principio parecía imposible, ellos debían de conseguir que cuando la reina mirará por la ventana viera hermosos jardines en el horizonte. Después de mucho pensar los constructores llegaron a la conclusión de que la única forma de conseguir lo que el rey pedía, era elaborar jardines colgantes que la reina, y toda persona que habitará en el reino, pudiera ver.

Los jardines colgantes de Babilonia se consideran una de las siete maravillas del mundo antiguo, imagina lo hermosos que debieron ser para conseguir tal título. Su objetivo era duplicar la naturaleza a pequeña escala y lo hicieron tan bien que se considera una de las primeras muestras de arquitectura de imitación.

Si bien nosotros no somos el rey Nabucodonosor II, ni su reina, si somos personas que pueden disfrutar del encanto de los jardines colgantes desde la comodidad de su hogar.

Las dimensiones aproximadas del proyecto. De largo va a ocupar un metro de nuestra pared y de ancho un poco más de cinco centímetros. Esta será una estructura alta, por lo cual estaríamos hablando de cerca de un metro y medio de altura.

El costo aproximado en euros. Voy a ser sumamente sincero en este punto, el costo de este proyecto será un poco elevado a comparación de los otros proyectos. A su favor tengo que decir que resultará en una estructura sólida y durable, que reportará múltiples beneficios a nuestra salud integral y al medio ambiente.

Te aconsejo que, salvo que las necesites a largo plazo, no compres ninguna de las herramientas que aquí se enlistan, salvo la lija, la cuerda, los tablones y las abrazaderas. Es decir que el taladro y la sierra será mejor que los consigas prestados con algún vecino o amigo, explícales de que se trata tu proyecto, quizás se muestren interesados en esta tarea y quieren imitarte o ayudarte a elaborarla.

El costo aproximado por la lija, la cuerda, los tablones y las abrazaderas dependerá de la clase de madera que quieras comprar, pero va a oscilar entre los cien y los ciento setenta euros.

Por el otro lado, el costo de las dieciséis macetas, los kilos de tierra, fertilizante (salvo que elaboremos composta) y las semillas o las plantas, va a variar entre doscientos a trescientos euros. Claro que buscando aquí y allá este precio puede disminuir considerablemente.

Los materiales. Se necesitan dieciséis macetas de 4 litros de capacidad y con una circunferencia de 4 pulgadas, cerca de 12 kilos de tierra, aproximadamente 4 kilos de composta, dieciséis semillas o plantas de la misma especie o de todas las especies que queramos.

Las herramientas. Vamos a ocupar un taladro, una lija, una sierra de copa de cuatro pulgadas, diez metros de cuerda de 1 cm de diámetro, treinta y dos abrazaderas y cuatro tablones de 1 m x 5 cm.

Las cosechas que puedes plantar. Quizás aquí sería mejor optar por plantas aromáticas, tales como el perejil, el romero, la menta y la albahaca. También podemos intentar con cebollín, lechuga y espinaca. Por último podemos optar por tomates, zanahorias, pepino y calabacines.

Instrucciones

Vamos a abordar las instrucciones paso a paso para elaborar nuestra estructura de madera que asemeja a un jardín colgante.

1. Con la sierra de copa de cuatro pulgadas vamos a hacer cuatro orificios en cada tabla de madera.
2. En cada lateral del tablón de madera vamos a realizar un agujero con un diámetro de un centímetro, para que pueda pasar la cuerda.
3. Vamos a lijar cada tablón de madera para limpiar las imperfecciones de la madera y evitar astillarse cuando estemos trabajando en nuestro huerto.
4. Corta cuatro cuerdas de un largo de dos y medio metros.
5. A través de las cuatro pedazos de cuerda vamos a ir pasando, uno por uno, los tablones de madera previamente trabajados en el paso uno, dos y tres.
6. Debajo del último tablón vamos a hacer un nudo en la cuerda.
7. Vamos a ir acomodando cada tablón de madera, para evitar que se caigan vamos a poner las abrazaderas de plástico. Cómo son cuatro tablones de madera y son treinta y dos abrazaderas de plástico, cada espacio tendrá dos abrazaderas de plástico que lo sostenga.
8. Colgamos nuestro jardín colgante de una estructura que sea capaz de soportar todo el peso. Recuerda que estamos hablando de más de setenta kilos.
9. Vamos a colocar nuestras macetas previamente preparadas con la mezcla de tierra y composta, además de haber sembrado o plantado nuestras semillas o plantas.
10. Regamos nuestras macetas.
11. Damos el cuidado y la atención requeridas a

nuestras plantas para lograr la primer cosecha de nuestro huerto interior.

Cómo cuidar el proyecto

En este punto del libro ya es muy probable que tú me digas a mi que es lo que tenemos que hacer.

1. Regar de acuerdo a las necesidades de nuestra planta y dependiendo de la estación del año en la cual nos encontremos.
2. Proporcionar luz natural o instalar luz LED que provee de calor a nuestras plantas.
3. Podar para limpiar de maleza o malas hierbas.
4. Controlar pestes y hongos. Evitar que sucedan o curar a nuestras plantas de ellas en caso de que se enfermen.
5. Trasplantar nuestros cultivos cuando ya hayan cumplido un año de vida dentro de las macetas o las raíces ya sobresalgan, e incluso hayan roto el contenedor.
6. Hacer rotación de cultivos.
7. Preparar nuestra propia composta y proporcionar este abono, cada semana, a nuestras plantas.

Cómo cosechar

Aquí estamos de nuevo, es solo cuestión de recordar lo que ya sabemos:

- Esperar a que pase el tiempo promedio entre la siembra y la cosecha. La cual depende del tipo de hortaliza.
- Verificar que los frutos tengan un color

brillante, una textura firme y un olor identificable, pero no demasiado fuerte.
- Cerciorarnos de que los frutos se desprenden caso por sí solos de las ramas apenas y jalemos un poco de ellos, o que salen fácilmente de la tierra con un poco de esfuerzo al tirar.

OCHO
JARDÍN HIDROPONÍA

¿Recuerdas el jardín de hidroponía? ¿No? Muy sencillo es aquel jardín que no ocupa tierra para sus cultivos. Tal vez seamos del tipo de persona que nos gustaría tener nuestro propio huerto interior, pero no estamos del todo convencidos con el hecho de tener que maniobrar tierra, quizás nos preocupe mucho el tema de la limpieza y manipular composta no esté dentro de una lista de actividades preferidas.

No te preocupes, afortunadamente hay un tipo de huerto para cada tipo de persona y puede ser que el jardín hidroponía sea la mejor opción para ti.

Las dimensiones aproximadas del proyecto. Hay diversos tipos de jardines hidropónicos, los hay que están en el interior, los hay que están en el exterior, los hay que están en invernaderos y, por último, pero no menos importantes, los hay que son de forma vertical.

Un espacio promedio para colocar esta clase de jardín suele rondar entre los sesenta y ocho centímetros de alto, cuarenta y nueve centímetros de largo, y treinta y cinco centímetros de profundidad.

El costo aproximado en euros. Una bandeja de almácigo cuesta entre setenta a noventa euros. La luz natural es gratuita, sin embargo, la luz LED tiene un costo de veinte a cincuenta euros, por suerte este tipo de luz únicamente sería necesaria en caso de situar el jardín alejado de la luz natural. El kilo de fertilizante para jardines de hidroponía, el cual ya se vende en tiendas especializadas, dependiendo de su marca, está disponible para su compra desde los treinta y cinco hasta los setenta euros.

Por otro lado, las semillas ya germinadas, dependiendo de dónde las compres, tienen un costo entre dos a diez euros por unidad. Un kilo de grava cuesta entre los dos y los diez euros, dependiendo del tamaño de la presentación. Por último, la fibra de coco se puede conseguir en su presentación de cinco kilos a veinticinco euros.

Los materiales. Vas a necesitar o una bandeja de almácigo, luz natural o luz LED artificial, fibra de coco, grava o piedra, semillas germinadas, agua, macronutrientes y micronutrientes.

Dentro de los macronutrientes vas a requerir nitrógeno, fósforo y potasio. Los micronutrientes necesarios van a ser boro, calcio, cobre, hierro, magnesio, manganeso, azufre y zinc.

Es muy importante que ninguno de esos nutrientes falte en la solución líquida con la cual se van a alimentar las plantas, recuerda que al no haber tierra involucradas, las semillas o las raíces van a necesitar otra fuente que les suministre toda la energía y componentes que ocupan para su correcto desarrollo.

Por suerte para nosotros ya existen tiendas especializadas en jardinería que venden esta clase de fertilizante, solo es necesario cerciorarse de que la mezcla que compremos incluya todos los nutrientes anteriormente enlistados.

Las herramientas.

Las cosechas que puedes plantar. Contrario a lo que se podría pensar la lista de hortalizas disponibles para esta clase de cultivo es amplia, tenemos a la lechuga, el tomate, las espinacas, la menta, el apio, la menta, la albahaca, el jengibre, el perejil y el ajo. Algunas de estas hortalizas son excelentes sazonadores y con los otros se puede elaborar una riquísima y nutritiva ensalada.

Instrucciones

1. Coloca la bandeja de almácigo en un sitio firme donde esté a buen resguardo de las inclemencias, donde reciba luz natural o LED.
2. Dentro de la bandeja coloca la grava o la piedra en el fondo.
3. Encima de la grava o la piedra coloca la fibra de coco.
4. Vierte la fórmula hidropónica en el agua, bastará una porción de treinta gramos por cada litro de agua. Recuerda que tienes que cambiar esta fórmula mínimo cada tres días.
5. Coloca las raíces de las plantas dentro de la bandeja, sumergiéndose en la fórmula hidropónica. Las raíces deben estar bien hundidas dentro del agua y es posible sujetarlas a través de las piedras o grava que hay en el fondo.

Cómo cuidar el proyecto

- El lugar donde situemos el jardín debe de estar provisto de luz natural, o de lo contrario estar cerca de una luz LED. No debe de ser extremadamente soleado, pero tampoco estar en completa oscuridad. La cantidad de luz que se aconseja, dependiendo de los cultivos, es de seis horas al día.
- No debe de ser un lugar donde haya mucho viento, pero tampoco desprovisto de él.
- Las plantas requieren de manera constante que se renueve la fórmula que contiene los nutrientes, así que regar los cultivos es una tarea obligatoria y debe de hacerse incluso de forma más estricta que con los jardines de otra especie.
- No debe utilizarse para su riego agua sucia o contaminada.
- No debe de situarse cerca de plantas que estén cultivadas en suelo. Una de las ventajas que tienen las plantas de jardín de hidroponía es que no suelen desarrollar plagas o moho, una de sus desventajas en que en caso de verse afectadas son más susceptibles a morir que las plantas de tierra.
- Protege el jardín de la lluvia. Aunque el agua es buena para cualquier planta, el agua de lluvia puede inundar hasta tal punto el jardín que puede hacer que la fórmula salga de la bandeja y únicamente haya agua de lluvia en el cultivo, lo cual es una mala idea, pues el agua de lluvia carece de la cantidad de nutrientes necesarios para que las hortalizas puedan vivir.

Cómo cosechar (*Ventajas del jardín hidropónico y desventajas también*)

Vaya, vaya, ya hemos estado muchas veces en esta situación. Ya sabes cuál es el mejor momento para cosechar, cómo es que luce un fruto cuando está maduro y cómo debes de cerciorarte de que el producto está listo para ser guardado en un lugar fresco o para terminar en nuestra mesa convertido en un suculento platillo.

- Esperar el tiempo promedio por hortaliza entre que se siembra o se planta y se puede cosechar. Ese tiempo varía de los noventa a los ciento treinta días.
- El fruto debe de estar brilloso y tener una textura firme.
- Debe de ser fácil desprender el fruto de la hortaliza de la rama o de la tierra.

¿Qué te parece si mejor hablamos más sobre el jardín hidropónico? Qué es y cuáles son sus ventajas y desventajas, las cuales son importantes que conozcas porque este método se conoce como la jardinería del futuro. Nada mal, ¿verdad?

Si tu temor es que piensas que esta técnica es demasiado vanguardista y, por ello, dudas de su practicidad, permíteme que te desmienta. El jardín hidropónico tiene un historial de más de dos mil seiscientos años. ¿Recuerdas que en el Capítulo anterior hablamos de la historia de amor del rey Nabucodonosor II. Bueno, ahora tengo que añadir nueva información, la técnica que utilizaron los constructores de Babilonia fue una combinación entre los jardines colgantes y los jardines hidropónicos.

¿Por qué es que funciona este método? ¿Cómo es

posible que pueda crecer una planta en un sitio donde no hay tierra? Es muy sencillo, lo que toda planta en el mundo necesita son cuatro cosas: nitrógeno, oxígeno, hidrógeno y carbono. De hecho toda la materia orgánica en el planeta está compuesta por estos cuatro ingredientes, ¡tú y yo estamos elaborados de nitrógeno, oxígeno, hidrógeno y carbono! Y así como tú y yo no necesitamos directamente de la tierra para crecer y desarrollarnos, personas muy inteligentes descubrieron que las plantas tampoco.

Toda planta necesita luz, dióxido de carbono, oxígeno, agua, macronutrientes y micronutrientes. Todo eso las plantas lo pueden adquirir de manera natural de la tierra, pero ahora con la intervención humana ¡lo puedes obtener también del agua!

¿Cuáles son sus ventajas? Primero, la sustancia hidropónica a la cual son sometidas las plantas provoca que el tiempo de cultivo sea menor al de la agricultura que necesita tierra. Si bien el margen que se gana es de días, es una muestra significativa. Otro punto a nuestro favor es que, contrario a lo que se aconseja en la agricultura tradicional, no es necesario llevar a cabo ninguna rotación de cultivos, puesto que la tierra no se desgasta ¡por que no hay tierra!

Los productos que se obtienen son más frescos que sus homónimos que son cultivados en la tierra. Son menos susceptibles de contagiarse de plagas y hongos. No hay control de malas hierbas y podar se vuelve una tarea más sencilla. En todo momento tenemos visibilidad abierta de las raíces, así podemos detectar cualquier problema que se presente, contrario al método tradicional donde las raíces están ocultas y, por ende, no son visibles ni pueden mostrar qué ocurre con ellas.

La desventaja que tiene este tipo de cultivo es que necesita una hidratación constante, máximo puede estar con la misma fórmula por un período de tres días, de preferencia el agua que contiene la fórmula hidropónica debe de ser cambiada diariamente.

Entonces, ¿tú crees que este método es para ti o no? ¡Espero que sí! ¡Mucha suerte!

CONCLUSIÓN

¡Hemos terminado! ¡¿Lo puedes creer?! Ha sido un largo viaje, en donde he compartido mucha información acerca del apasionante mundo de la agricultura a pequeña escala, para que tú puedas desarrollar en la comodidad de tu hogar tu propio huerto en interior o en el exterior. Te quiero agradecer, aunque no te conozca en persona, por haberte tomado el tiempo de leer mis palabras y, espero, de seguir mis consejos.

¿Te parece si antes de entrar en la recta final hacemos una verificación de la comprensión? Con eso me refiero a que voy a hacerte una serie de preguntas acerca de cada tema. Dichos cuestionamientos serán de los aspectos básicos que debe de tener presente cualquier agricultor principiante.

Si no recuerdas alguna información, no te preocupes, basta con que vuelvas sobre algunas páginas del libro para que puedas rememorar los datos que requieres. Ten siempre presente que ninguna persona nace sabiendo, que nadie es un experto en ningún tema, hasta que pasa el tiempo y continúa estudiando sobre aquello que le interesa.

En caso de que puedas contestar todas las preguntas debes de sentirte muy orgullosa u orgulloso de tu labor, pues no es para menos. ¿Empezamos? ¡Vamos a ello!

- Esta interrogante es muy sencilla: ¿Qué es un huerto urbano?
- ¿Cuál es la diferencia entre un huerto interior y un huerto exterior?
- Enumera, al menos, tres ventajas que reporta a cualquier persona tener un huerto orgánico en su hogar.
- Aquí una pregunta para que pienses sobre tu oportunidad de crear tu propio jardín: ¿quién tenga un huerto debe de ser un profesional en la materia, que necesita tener una educación nivel doctorado sobre el tema?
- ¿Cuáles son las regulaciones que establece el Gobierno de nuestro país acerca de cultivar nuestro propio espacio?
- ¿Cuáles son las herramientas necesarias que necesita todo principiante para abrirse camino en la agricultura?

¿Qué tal? ¿Cómo vamos? ¿Todo bien? Vamos a adentrarnos un poco más en el tema de los huertos interiores, ¿te parece?

- ¿En qué espacio que está dentro de la casa se puede colocar nuestro huerto?
- Menciona, al menos, cinco clases de hortalizas que crecen sin ningún problema en el interior de las viviendas.
- Menciona, al menos, tres técnicas idóneas para

el cultivo en el interior. Solo tú te vas a evaluar, pero para que la respuesta sea completa debes de poder decir el nombre de la técnica, sus características principales y las instrucciones básicas para llevar a cabo cada especie de jardinería.

- Antes de sembrar, ¿cómo se deben de preparar las semillas?
- ¿Cómo se siembran las semillas?
- ¿Cómo se insertan las plantas?
- ¿Cómo y por qué es necesario trasplantar las plantas? ¿Después de cuánto tiempo hay que hacerlo?
- ¿Cuál es el cuidado mínimo que requiere cada planta? Esta pregunta también podría plantearse de otra manera, ¿cuáles son los requisitos mínimos que ocupa toda planta para poder crecer?
- Menciona, al menos, tres clases de plagas, sus nombres, sus características y el daño que hacen a los cultivos.
- ¿Qué es la rotación de cultivos? ¿Por qué es importante efectuar esta labor?
- Menciona, al menos, tres remedios caseros para poder lidiar con el moho de las plantas.
- ¿Las mascotas pueden ser un peligro para las plantas? ¿Por qué?
- Nombra, al menos, dos formas en que se puede evitar que los animales domésticos estropeen o destruyan el huerto interior.

¿Ya iniciaste con tu proyecto de huerto interior? ¿En qué lugar de la casa lo colocaste? ¿Optamos por comprar semillas o cultivar plantas? ¿Está en una buena posición con respecto al sol, lo riegas con suficiente frecuencia y recibe ráfagas frescas de aire? ¿Mantienes a raya a tus mascotas? ¿Te está gustando este juego de preguntas? ¿Vamos por más?

- ¿Cuál es la mejor temporada para cultivar tomate, patatas, lechuga y cebolla?
- ¿Cuáles son las hortalizas que se siembran en primavera? ¿Cuáles en verano? ¿Cuáles en otoño? ¿Cuáles en invierno?
- ¿Cuánta agua requiere una plantación de pepinos, zanahoria, judías y pimientos?
- ¿Qué es la maleza?
- ¿Cómo se debe de limpiar un huerto de las malas hierbas?
- Además de ser plantas aromáticas y servir como sazonadores, ¿cuál es la otra función de la albahaca y la menta?
- ¿Cuál es el tiempo promedio tarda el poder cosechar espinacas, tomates, patatas, lechuga, cebolla, pepinos, zanahoria, judías y pimientos?

Estamos por terminar esta dinámica de preguntas y respuestas, vamos con todo a la última fase. Si hasta el momento has logrado contestar con facilidad la mayoría de las preguntas, ¡felicidades! De lo contrario, no desesperes, basta con volver atrás en el libro para conseguir todo lo que necesitas saber para poder andar tu jardín. Y hablando de jardines:

1. ¿Qué es un jardín de camas elevadas?
2. ¿Qué es un jardín de alféizar?

3. ¿Qué es un jardín colgante?
4. ¿Qué es un jardín hidroponía?

Basta por ahora de preguntas, es tiempo de rememorar por qué estamos haciendo todo esto. ¿Qué fue aquello que te motivó a comprar un libro de huertos urbanos para principiantes? ¿La curiosidad? ¿Por qué sentiste curiosidad sobre este tema en particular y no sobre cualquier otro? Tal vez pensaste que sería divertido tener tu propio jardín, quizás te dejaste llevar más por el aspecto estético debido a imágenes de lindas plantas decorando la casa, posiblemente todo fue por tu preocupación por el medio ambiente o querer ser más consciente de la comida que ingiere tu cuerpo.

Todos los seres humanos necesitamos comer para poder vivir, pero no podemos comer de cualquier forma o cualquier cosa, puesto que de ser así llegaríamos a dos extremos, o a una desnutrición peligrosa o a una obesidad mórbida igualmente preocupante. Cultivar nuestras propias hortalizas es una excelente manera de cuidar de nosotros mismos, al mismo tiempo que cuidamos del ambiente.

Un agricultor es una persona responsable, paciente, tenaz y decidida. Es alguien capaz de ser autosustentable pues produce su propio alimento y si bien no se mantiene únicamente de los frutos de su jardín si consume todo lo que siembra. Un agricultor es un hombre o una mujer con un fuerte sentido de conciencia social y ambiental, pues recuerda siempre lo importante que es preservar la naturaleza, además de que tiene un gran sentido de atención al detalle pues logra darse cuenta de todo lo que acontece en su huerto. Si tú quieres convertirte en un agricultor no debes de preguntarte si tienes todas esas cualidades, sino que debes de cuestionarte a ti mismo si es que quieres desarrollarlas. ¿Quieres hacerlo, quieres ser responsable, paciente, tenaz y decidido?

Las ventajas de la agricultura orgánica, llevada a cabo en los huertos urbanos, son innumerables y se dejan ver en múltiples áreas de nuestra vida. La actividad física constante ayuda a mejorar y mantener un buen estado de ánimo y altos niveles de energía para poder desarrollar otras actividades. Tener un huerto ayuda a reducir el gasto monetario que se destina a la compra de diversas hortalizas, ¡porque ya tenemos esas mismas hortalizas al alcance de nuestras manos! ¡Además de cuidar el medio ambiente vamos a ahorrar dinero!

Nuestro medio ambiente va a agradecernos nuestro esfuerzo por reducir las emisiones de dióxido de carbono que llegan a la atmósfera, las plantas van a transformar ese mismo dióxido en oxígeno, en otras palabras, ¡nuestros pulmones van a tener aire limpio que respirar! No solo eso, sino que nuestro suelo, al igual que nuestro aire, va a reducir su nivel de contaminación.

Nuestros alimentos van a ser de mejor calidad, vamos a estar seguros de su alto nivel de nutrientes y de la integridad de su composición y de su buen estado a la hora de comerlos. Vamos a reducir el efecto invernadero e igualmente vamos a reducir la erosión del suelo. ¿Necesitas más razones para decidirte a emprender tu propio huerto urbano? ¡Te vas a ayudar a ti, a tus semejantes y al mundo donde vives! ¿Qué más necesitas para ir por tu pala y comenzar a sembrar?

Este libro te ofrece la información que necesitas para comenzar. Una vez que empieces, créeme, no vas a querer parar. ¡Espero que todos los frutos que coseches te sepan deliciosos! ¡Buen provecho! ¡Buena suerte! ¡A por ello!

BIBLIOGRAFÍA

Real Academia Española. (n.d.). Huerto. Retrieved July 17, 2020, from https://dle.rae.es/huerto

Barattucci, Y. (2011, March). *Estrés y Alimentación*. http://redi.ufasta.edu.ar:8080/xmlui/bitstream/handle/123456789/343/2011_n_041.pdf?sequence=1

Growing an Urban Oasis: A Qualitative Study of the Perceived Benefits of Community Gardening in Baltimore, Maryland. (2014). *Culture, Agriculture, Food and Environment*, 36(2), 69–82. https://anthrosource.onlinelibrary.wiley.com/doi/full/10.1111/cuag.12035

Morán Alonso; Hernández Aja, N. A. (2011). Regulación, participación y agricultura urbana. Análisis legislativo, normativo y de modelos de gestión en Londres, Berlín y Madrid. *Archivo Digital UPM*, 1–16. http://oa.upm.es/12200/2/INVE_MEM_2011_96633.pdf

Rosique, M. (2017, April 19). *Cómo hacer un huerto urbano en casa*. Https://Www.Planteaenverde.Es/Blog/Como-Hacer-Un-Huerto-Urbano-En-Casa-3/. https://www.planteaenverde.es/blog/como-hacer-un-huerto-urbano-en-casa-3/

Printed by Libri Plureos GmbH in Hamburg, Germany